# Catcher

一如《麥田捕手》的主角，
我們站在危險的崖邊，
抓住每一個跑向懸崖的孩子。
Catcher，是對孩子的一生守護。

# 作文找碴王

十九位國中國文菁英教師◎合著

聯合報教育版◎策劃

# 目錄

作文找碴王

## Part I 練功房


8 第一回合
12 第二回合
15 第三回合
19 第四回合
23 第五回合
27 第六回合
31 第七回合
35 第八回合
38 第九回合
41 第十回合
44 第十一回合
47 第十二回合
50 第十三回合
53 第十四回合
56 第十五回合
59 第十六回合
62 第十七回合
65 第十八回合
69 第十九回合
72 第二十回合
75 第二十一回合
78 第二十二回合
81 第二十三回合
85 第二十四回合
88 第二十五回合
91 第二十六回合

## Part 2 老師詳解


96 第一回合
100 第二回合
104 第三回合
108 第四回合
112 第五回合
116 第六回合
120 第七回合
124 第八回合
128 第九回合
132 第十回合
136 第十一回合
140 第十二回合
144 第十三回合
148 第十四回合
152 第十五回合
156 第十六回合
160 第十七回合
164 第十八回合
168 第十九回合
172 第二十回合
176 第二十一回合
180 第二十二回合
184 第二十三回合
188 第二十四回合
192 第二十五回合
196 第二十六回合

# Part 1 練功房

# 1

# 第一回合

題目設計：台北市明湖國中施教麟老師

## 一、找碴王

**底下短文計有十處使用不當，請你將它一一挑出並修正。**

上上個禮拜的中秋節眞令我感傷。

記得幾年前的一個中秋節，我們全家到花蓮旅遊，住宿的飯店裝簧得美倫美奐，推開窗户就可看見浩瀚的台灣海峽，傍晚時我們在海邊戲水，欣賞著夕陽西下的美景。

可是好景不常，不久，天空飄起了滂沱細雨，爸爸不准許我和弟弟繼續玩水，我們只好回到房間。

我們百般無聊地看著電視。突然，奶奶對著窗戶興奮地喊著：「雨停了，月亮露臉了，又大又圓，大家快到外面賞月。」「雨，確定眞的已經停了！」爸爸推開窗戶後點點頭說。大夥再次回到海邊沙灘，在浪漫的月色下，我還看到有對情侶在談情說愛，女孩子還作出小人依鳥狀，靠在男友身上。

如今奶奶已經慘絕人寰，永遠離開了我們。「每逢佳節倍思親」，今年的中秋節，我特別對奶奶有著一股非分之想。

## 二、推敲王

（一）中秋節是中國三大節日之一，下列哪一個人物和中秋節最有關係？

A、屈原

B、嫦娥

C、后羿

D、鍾馗

（二）文中「百般無聊」是指「非常無聊」，「百」是虛數，不是實數。下列哪一個選項的數字也是「虛數」？

A、三從四德

B、孟母三遷

C、五臟六腑

D、五顏六色

**（三）文中提到王維的「每逢佳節倍思親」，原詩爲「獨在異鄉爲異客，每逢佳節倍思親。遙知兄弟登高處，遍插茱萸少一人。」關於此詩，下列哪個選項有誤？（註：茱萸，植物名。舊時風俗於農曆九月九日折茱萸插頭，可以辟邪。）**

A、文中的佳節指重陽節

B、此時王維一家團圓

C、是一首七言絕句

D、韻腳有「親、人」二字

2

# 第二回合

題目設計：新竹縣寶山國中何美慧老師

## 一、找碴王

**底下短文計有十處使用不當，請你將它一一挑出並修正。**

「燦爛的未來，是屬於那些工作勤勉的人」，這句話映證一個道理：只要克苦耐勞，持續耕耘，不要老是想要不勞而穫，就會有成功的一天。

對我們國三生來說，現在的生活可謂「水深火熱」，每天考試多得像九牛一毛，有小考、週考、段考、模擬考。面對一成不變的生活及課業厭力，我都快要退避三舍了。

但是我不退縮，經過我孜孜不倦、玩日愒歲的讀書，最近成績迥然，令人刮目相看。同學看到我的成績突飛猛進，莫不流言蜚語，嘖嘖稱奇。

這次的考試讓我信心十足，我更期盼未來的基測成績能讓師長滿意。「月落烏啼霜滿天，肥水不落外人田……」不聊啦！我要趕緊背會這首張繼的〈楓橋夜泊〉。

## 二、推敲王

**（一）下列哪一個選項最能表示這篇短文的意旨？**

A、不鳴則已，一鳴驚人。

B、及時當勉勵，歲月不待人。

C、福無雙至，禍不單行。

D、一分耕耘，一分收穫。

（二）「玩日愒歲」是指浪費光陰，它和下列哪個選項的意思最爲接近？

A、夙夜匪懈

B、乘時趨利

C、玩物喪志

D、日月蹉跎

（三）文中提到「九牛一毛」這個動物成語。下列哪一個選項的動物成語，在警惕大家不要將「偶然」當作「必然」？

A、螳臂擋車

B、守株待兔

C、畫蛇添足

D、識途老馬

# 3

# 第三回合

題目設計：桃園市慈文國中吳韻宇老師

## 一、找碴王

**底下短文計有十處使用不當，請你將它一一挑出並修正。**

如果說天底下最受寵的，那必定我妹妹莫屬了。

從小妹妹就討人喜歡，圓圓亮亮的眼睛，走在路上常吸引眾人的目光。若有人稱讚她漂亮，她還是毫不在意，但在她身旁的我們卻覺得樂此不疲。

或許「得三千寵愛於一身」，自然就養成她驕縱蠻橫的個性。只要將她留在家中，不甘寂寞的她，勢必一定破壞家中的一切，待我們回家時，再露出衣冠楚楚的神情來求饒。此外，別看她外表一派優雅，她可是家中的大饕客，只要一看到食物，哪管淑女的形象，更甭談「不食皆來食」的清高，面對「吃」那副貪得無饜的嘴臉，眞是讓人覺得有夠好笑。

不過，即使她如此無賴，她永遠是我們的最愛，黃金獵犬「妹妹」，因爲我們一家都是人。

## 二、推敲王

**（一）作者對妹妹的一切，表現出的情感是：**

A、十分無奈
B、唾棄厭惡
C、萬般喜愛
D、悲喜參半

**（二）由文中可知，「妹妹」應該是：**

A、作者的妹妹
B、作者的女兒
C、作者的室友
D、作者的寵物

（三）有關「妹妹」在文中所出現的形象，下列何項無法在文中看出？

A、漂亮優雅

B、寂寞無依

C、驕縱蠻橫

D、貪吃調皮

# 4

# 第四回合

題目設計：屏東縣萬丹國中張儷瀞老師

## 一、找碴王

**底下短文計有十二處使用不當，請你將它一一挑出並修正。**

今天我要到台北探望爸爸，順便到養老院看看孤兒。出發前，我在門口的芒果樹下喝著豆槳，芒果突然一棵棵往下掉，我將它們放入皮夾，準備送給孤兒。

到了台北，看到前面的警察欄阻抗議民眾，希望他們冷靜。我嚇了一跳，趕緊轉入旁邊小巷，匆忙之間打翻了芒果，驚動了幾位正在閉目養神的遊民，他們最先是三緘其口地望著地上的芒果，不久就搶成一堆。一位個子瘦小的遊民搶不到芒果，只好拾人牙慧，撿取別人吃剩的，這些吵鬧聲驚動了正在執勤的警察。

我被帶回警察局作筆錄，我舌粲蓮花地說出事情的來龍去脈。在台北工作的爸爸一接獲警察的通知，就迫不急待地趕來了。「誤會一場，誤會一場。歡迎賢昆仲到台北來！」警察邊走邊送我們離開警察局。下午到了孤兒院，我尷尬地說：「只剩下兩個芒果了！」「禮重情意輕，沒關係啦！」院長拍拍我的肩膀說。接著，我又虛擲了一個下午的時間和孤兒共度，感到好充實、好快樂。

# 二、推敲王

（一）文中提到芒果的數量單位詞，下列選項何者有誤？

A、一「道」彩虹

B、一「副」圖畫

C、一「架」飛機

D、一「部」轎車

（二）由文意推論作者訪問這間孤兒院的次數，下列哪個選項最恰當？

A、一次

B、最少兩次

C、未曾來過

D、三次

**(三) 作者認爲到孤兒院的時光很充實、很快樂，符合下列哪個選項？**

A、助人爲快樂之本

B、施恩不忘報，受施愼勿忘

C、功成不居

D、受人點滴，湧泉以報

# 5 第五回合

題目設計：高雄市小港國中鄭潔慧老師

## 一、找碴王

**底下短文計有十一處使用不當，請你將它一一挑出並修正。**

上週末我和蜜友小莉一起去爬山，去程山巒起伏，有點吃力。我知道小莉爲了課業，常血脈噴張地和父母爭執，她邊喘氣邊抱怨地說：「雖然她的父母桃李滿天下，家境也小開，可是功課就是此起彼落。」聽了她的話，我覺得自己幸運多了。我父親功在杏林，工作很忙，不太管我，我有充分的自由，想到這裡眞是太感謝了，我一定要用盡心機報答爸媽。

回程，隨著山勢每況愈下，我們感到很輕鬆。不久，我們在路旁小涼亭裡面，斤斤有味地吃著小莉帶來香噴噴的肉包子。突然，有隻瘋狗目露兇光地靠過來，危險時刻，小莉急中生智，用肉包丟擲瘋狗後，我們拔腿就跑，最後累得汗牛充棟。小莉笑著說：「今天眞正體驗到『肉包子打狗——有去有回』這句話。」我一臉倦容地說：「時間不早了，我們同歸於盡，趕緊回家吧！」

## 二、推敲王

（一）本文用了「肉包子打狗」表示「付出得不到回報」的歇後語，下列歇後語的配對何者有誤？

A、螃蟹過河——七手八腳

B、老鼠過街——人人喊打

C、姜太公釣魚——願者上鉤

D、司馬昭之心——恩怨分明

（二）**根據文章推論，小莉的父母從事什麼工作？**

A、果農

B、貨運中盤商

C、教師

D、農會總幹事

（三）**根據文章推論，作者的父親從事什麼工作？**

A、醫生

B、教師

C、民意代表

D、果農

6

# 第六回合

題目設計：台北市明湖國中施教麟老師

## 一、找碴王

**底下短文計有十一處使用不當，請你將它一一挑出並修正。**

「您的信用卡己經被盜用，請趕快和銀行聯絡，如需要服務請按9，由專人爲您處理。」自從農曆八月開鬼門關起，我就三五成群地接到這類詐騙電話。

昨天清晨好夢正甜，突然電話又嚮起，催促我去補繳房屋稅，否則房子會被扣押。拜託，我既沒有台開股票，也沒有貴婦人送來禮卷，更沒有國務機要費，哪來房子？我生氣地責罵對方「騙子」，再「喀！」一聲掛他電話。

「你叫的三個披薩和五瓶可樂送來了！」中午時，外送人員莫明其妙地要向我這個國三生收錢。「我沒有訂啊！」「嘿！明明在電話中，你說是你十五歲生日晏會要慶祝的。」查了半天，才弄清是詐騙集團對我的抱負。

唉！我眞是人財兩失。經過這次慘痛教訓，以後再接到類似電話，儘管不奈煩，我也不敢再得失他們。

## 二、推敲王

（一）文中提到農曆開鬼門的習俗。關於其他節日習俗配對，下列何者有誤？

A、中秋節／賞月

B、重陽節／登高

C、端午節／划龍舟

D、上元節／普渡

（二）詐騙集團對作者的行爲，可用下列哪一句成語形容？

A、先禮後兵

B、以牙還牙

C、以德報怨

D、恩將仇報

（三）根據文中提示，作者應該經歷過下列哪個選項的年齡？

A、弱冠之年

B、而立之年

C、二八年華

D、始齔之年

國中範文取材：〈孔子的人格〉

# 第七回合

題目設計：南投縣水里國中陳智屏老師

## 一、找碴王

**底下短文計有十處使用不當，請你將它一一挑出並修正。**

唐朝有一位志大才疏、非常有能力的文人劉禹錫。他非常自負，自認文章出類拔粹，因此侍才傲物。他對於官場的馬屁文化，一蓋不理會，大家都罵他剛復自用，朝廷將他扁了好幾次。

有一次他長袖善舞的唱著：「百畝庭中半是苔，桃花淨盡菜花開。種桃道士歸何處？前度劉郎今又來。」意思是說朝廷官員一半都是廢物（苔），只剩下二三流的人（菜花開）在主政，因此又得罪當朝。

一生特立獨行的他，未被無情的政治環境所打敗，曾作〈漏室銘〉自我期許。其中有句膾炙人口的名言「山不在高，有仙則名。」據說，他晚年就隱居在山上，他可眞是名幅其實的一代儒者。

## 二、推敲王

（一）下列哪一個成語最適合說明劉禹錫這個人？

A、與人爲善
B、樂天知命
C、高風亮節
D、前倨後恭

**（二）「山不在高，有仙則名；水不在深，有龍則靈。」劉禹錫以「仙、龍」比喻自己，是譬喻修辭。由此推論下列何者相同？**

A、苔痕上階綠，草色入簾青
B、百畝庭中半是苔，桃花淨盡菜花開
C、可以調素琴，閱金經
D、斯是陋室，唯吾德馨

**（三）「百畝庭中半是苔，桃花淨盡菜花開。種桃道士歸何處？前度劉郎今又來。」關於本詩，下列哪一個選項有誤？**

A、是一首七言律詩

B、押「ㄞ」韻
C、劉郎指作者本人
D、沒有對句

8

# 第八回合

題目設計：彰化縣溪湖國中許淑子老師

## 一、找碴王

**底下新詩計有十處使用不當，請你將它一一挑出並修正。**

下課之後，便是黃昏了／偶爾望一望依舊甚囂塵上卻不再逗留的藍球場／因爲你
逼近的身影隱約透露眩麗的未來

晚自習之後，便是深夜了／一如往長經過熱鬧的網咖卻不再沉迷／因爲跨越你這

面關卡比網咖更具挑戰性

　我每天每天的上下課／有像自你手中放飛的風箏在一望無際的天空，吸收日月精華將年青不經意的粗心／遂一收爲謹愼而專注的細心

　就像學長和學姐／爲自己贏取了／燦爛而豐富的高中生涯啊！明知追隨你的路坎坷，但我決對不膽怯／只因這是生命中最堅困／也是最豐碩的轉捩點

## 二、推敲王

**（一）本篇作品屬於哪一種體裁？**

A、近體詩

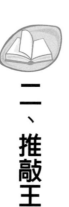

B、抒情文
C、現代詩
D、議論文

**（二）就文意判斷，作品中提到的「你」，當指下列哪個選項？**

A、老師
B、父母
C、基測
D、健康

**（三）本作品中沒有使用何種修辭法？**

A、轉化
B、呼告
C、映襯
D、對仗

# 9 第九回合

題目設計：屏東縣潮州國中潘文鶯老師

## 一、找碴王

**底下短文計有十一處使用不當，請你將它一一挑出並修正。**

我是一位相貌平凡又內向害羞的女生，但自從在校園邂逅了他，閉月羞花的我開始有了勇氣追求眞愛。爲了讓他注意我，我使勁渾身解數博取他的好感，希望夢想能一語成讖。但他看到我還是目不轉睛，喬也不喬我一眼。

我沒有就此放棄，甚至跑去媚登峰重新雕刻我的身材，讓我的停機坪，能夠變成小山丘；讓我粗壯多毛的蘿蔔腿變爲寸草不生、光滑動人的茭白筍。雖然老師常說：「十七、十八無醜女，做自己就好。」但我還是不死心，爲了他，即使捨身取義也在所不辭。

昨天，他又從我的窗户前走過，我在一次向他招手，他終於以微笑回應，害我頭腦裡面的小鹿亂撞起來了。

## 二、推敲王

**(一)老師所說的「十七、十八無醜女」跟下列何句可相通？**

A、女大十八變

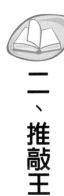

B、西施臉上長天花
C、自然就是美
D、醜人多作怪

**（二）如果他們最後有情人終成眷屬，那麼以下哪句祝福的話最不適當？**

A、百年好合
B、鶼鰈情深
C、珠聯璧合
D、一丘之貉

**（三）文中作者追求愛情的態度爲何？**

A、不折不撓
B、始亂終棄
C、一切隨緣
D、消極被動

10

# 第十回合

題目設計：嘉義市南興國中莊淑翔老師

## 一、找碴王

**底下短文計有十處使用不當，請你將它一一挑出並修正。**

每當讀到席慕蓉的詩句：「溪水急著要流向海洋，浪潮卻渴望重回土地。」我總會想起那段「生在福中不知福」的學生時代。

那時我常常埋怨，嫌房間太小、爸爸太嚴格、媽媽太嘮叨、飯菜不好吃……。成天只想和朋友外出，玩到深夜還樂不思蜀。平時在家也不分攤家務事，「茶來張口，飯來伸手。」將父母的關愛視爲理所當然，常常動不動就跟他們頂嘴。一點都不知體貼，眞是慘綠少年啊！

現在的我，離鄉背景，隻身在外工作，嘗盡了人情冷暖，才想起家裡的好。而且現在沒有門禁，自由自在，卻懷念起從前倍受約束的日子，懷念起餐桌上的家常便飯。原來我就是那浪潮啊！好想立刻回家，讓家中的溫暖塡滿我的虛心。

## 二、推敲王

（一）關於時間安排，本文採用何種敘事方式？

A、順敘法
B、倒敘法
C、鏡框式（今昔今）
D、跳躍式

**（二）關於本文，下列敘述何者有誤？**

A、文章首尾呼應
B、大量使用排比、類疊
C、採今昔對比突顯對家的思念
D、作者從小受到父母冷落

**（三）「離鄉背井」的詞性結構與下列何者相同？**

A、撲朔迷離
B、背信忘義
C、歸心似箭
D、物換星移

11

# 第十一回合

題目設計：宜蘭縣員山國中于學玉老師

## 一、找碴王

**底下短文計有十處使用不當，請你將它一一挑出並修正。**

有很多人總是像「雷陣雨」一樣，在人們發生危難的時候，適時出現並全力協助，這樣的人物我都很敬佩，由其是「打火弟兄」。

「失火了！」愛管閒事的民眾，立刻撥打「一一〇」專線電話通知他們抵達現場救援，他們常常衝入火場救出受困民眾，就算有可能受傷或喪命，而且他們仍不畏懼，這種偉大的精神，眞是令人敬佩呀！

　　他們可說陰魂不散。除了火災，其他如生病急救送醫、祝融肆虐淹水時，他們都會出現，並推三阻四的幫助你。最特別的是，有時他們還能權當「馴獸師」，只要民眾家裡無端冒出幾條蛇，他們就趕來捕捉這些「騷人墨客」。「打火弟兄」爲大家做的事情實在太多了，我們應該好好謝謝這些「一代梟雄」。

## 二、推敲王

（一）、文中作者提到最敬佩的職業是？

A、警察

B、馴獸師
C、消防隊員
D、電話接線生

**（二）、根據本文，「打火弟兄」的工作，不包括哪一項？**
A、滅火災救民眾
B、急送考生應試
C、民眾送醫急救
D、爲民眾捕蛇

**（三）、根據本文，作者敬佩這個行業的最主要原因是？**
A、他們很會馴獸
B、他們多才多藝
C、他們居安思危
D、他們及時助人

# 12

# 第十二回合

題目設計：台北市明湖國中施教麟老師

## 一、找碴王

**底下短文計有十一處使用不當，請你將它一一挑出並修正。**

接到基測成積單，多日來的緊張心情一掃而空，所謂「一分耕耘，一分收獲」，我終於可以好好瞑目地睡個覺了。想到考前最後卅十天的煎熬，我吃盡了所有的骨頭，每天在書房和參考書爲伍，心情眞是鬱卒，連上下學都埋頭苦幹地走路。考試日期越近，我的脾氣就越暴躁，一點小事就讓我奮怒不已，無形中得罪了很多同學。

八月我考慮參加游泳訓練班，教練向我掛保證：「除可學會游泳外，至少還可以減肥兩公斤。」我的盤算是：「如果學會游泳，既可擺脫旱鴨子的嘲諷，也能證實我這個觸生女不是溫室裡的花朵。」但是媽媽不贊同，她希望我參加高中補習班，我一時不知如何抉擇，內心充滿了茅盾。

## 二、推敲王

（一）作者對自己基測成績感到如何？＿＿

A、感到滿意

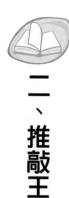

B、感到挫折
C、無法判斷
D、挫折多，滿意少

（二）**「旱鴨子」是指「不會游泳的人」**，下列身分配對何者有誤？
A、無冕王／新聞記者
B、紅唇族／蒐集口紅的人
C、癮君子／有菸癮的人
D、夜貓子／常熬夜的人

（三）**「一分耕耘，一分收穫」是「先因後果」關係**，下列何者也是？
A、要怎麼收穫，先那麼栽
B、不做虧心事，半夜敲門也不驚
C、欲知來世果，今生作者是
D、若要人不知，除非己莫爲

# 13 第十三回合

題目設計：彰化縣大村國中徐平珍老師

## 一、找碴王

**底下短文計有十處使用不當，請你將它一一挑出並修正。**

那天信手翻開《三國演義》，突然看見書中有一片葉子，伸手一碰到他，瞬間就被吸進黑洞裡。等我睜眼醒來，竟是唐朝末年廝殺慘烈的三國時代。

營帳內，大家爲戰況不明而焦慮，有人問我：「天師有何拙見？」我故作鎮靜說：「請大家寬心，明天自有奇蹟。」當晚，我調了工匠，開始製造祕密武器，連夜完成一駕飛機，又教士兵制造機關槍、飛彈。一開打，果然敵方被我打得一落千丈。鴻門宴時，將軍舉杯慶賀：「天師黔驢之技，莫測高深！」我得意地翻閱著有功名冊，突然一片葉子掉出來，又是一陣天旋地轉。猛然醒來，只見書架上的飛機模型，我不經會心一笑，原來是一場同床異夢。

## 二、推敲王

**（一）本文屬於哪一種文體？**

A、論說文

B、記敘文

C、應用文
D、抒情文

**（二）由文章內容，請爲它訂一適合的標題？**
A、星際迷航記
B、新武器大觀
C、超時空之旅
D、三國志演義

**（三）從文意推論，主角來去古今的關鍵線索是什麼？**
A、酒杯
B、飛機模型
C、三國演義
D、一片葉子

14

# 第十四回合

題目設計：台東縣鹿野國中沈美玲老師

## 一、找碴王

**底下短文計有十處使用不當，請你將它一一挑出並修正。**

最近叔叔兢選村長，我們每天都可以聽到對方不時的謠言、誇大宣傳的政績，惡意中傷的黑涵更是滿天飛舞。對手這種自誇的手法，和暗劍↓人的卑劣手段，實在是令人不恥。

每天傍晚，我們針對敵方的詆毀，提出因應的對策。在大家汗牛充棟的努力下，叔叔以一票之差大敗對方。

從此，聯任失敗的前村長和叔叔水乳交融，互不往來。我覺得大家都是村民，不應該爲了一次選舉而撕破臉，要有「多數服從少數，少數尊重多數」的民主風度才對。

## 二、推敲王

**（一）從文中我們可以知道叔叔得票的情形如何？**

A、勝過對方

B、輸給對方

C、打成平手

D、無法判定

（二）**下列對作者叔叔的競選對手的敘述，何者不正確？**

A、想競選連任的村長

B、他連任沒有成功

C、他是個功成不居的人

D、他是個喜歡邀功的人

（三）**如果要送給當選人一塊匾，請問下列哪一個題辭最適合？**

A、椿萱並茂

B、造福桑梓

C、口若懸河

D、眾口鑠金

15

# 第十五回合

題目設計：馬祖介壽國中林月梅老師

## 一、找碴王

**底下短文計有九處使用不當，請你將它一一挑出並修正。**

我最喜歡暑假跟媽媽回鄉下外婆家。

出門前，我那愛美的媽媽會打扮得和顏悅色，爸爸也穿得西裝筆挺，英俊得慘絕人寰，愛漂亮的姊姊更是打扮得豔光四射，腳上穿著新買的高根鞋。

一到外婆家，媽媽對著老鄰居，也就是退休的已故校長說：「好久沒看到校長夫人了，敝伉儷最近身體如何？」「不對，稱人夫妻要叫愚夫婦。」我馬上指正媽媽的錯誤。呵！我那時眞是太聰明了。

暑假到外婆家，有我很多喜歡的事，我尤其特別愛爬樹，爬啊爬啊，爬到樹上摘西瓜；傍晚時，還可以坐在屋外看北斗七星，數著滿天的星斗，我和姊姊不知不覺的睡了。

到外婆家，可以體會鄉下人家特有的風情，是一個不僅溫馨但是開心的回憶。

## 二、推敲王

**（一）作者到外婆家最喜歡做的事是什麼？**

A、穿高跟鞋、聽故事

B、爬樹、看星星

C、跟校長問安

D、摘西瓜

（二）**「我那時眞是太聰明了！」其實是說自己不聰明，此爲倒反修辭法。下列何者也是？**

A、便宜的書價，珍貴的知識

B、愛與愁一天天重，怕是地球也載不動

C、你眞是大方呀，連一顆糖都不願意請同學吃

D、路邊有一朵花，花邊長著一粒瓜

（三）**這篇文章總共提到幾個人？**

A、四人

B、五人

C、六人

D、七人

16

# 第十六回合

題目設計：台北市明湖國中施教麟老師

## 一、找碴王

**底下短文計有十二處使用不當，請你將它一一挑出並修正。**

愛美又胖嘟嘟的姊姊，爲了擁有魔鬼的身材，嘗試減肥方法之多，眞是罄竹難書。她曾經三餐只吃頻果，也曾參加韻律舞蹈班，更曾買過減肥藥，但似乎好像都不能扭轉奇蹟，金錢白白地浪廢了。

最近她的死黨告訴她：「妳因該穿戴某名牌調整型內衣，只要三個月，保證會有驚人的愚公移山效果。姊姊一聽，不趕拖延，花了數千元買回一件。但是才不到半個月，我就看到那件內衣被丟棄在衣櫃一角了。

姊姊爲了身材問題而無精打采，下個禮拜她就要邁入而立之年了。我決定在她二十歲的生日宴會上，請她喝一罐提神飲料，讓她恢復疲勞，並祝福她福壽全歸。

## 二、推敲王

**（一）姊姊買回名牌調整型內衣穿戴後，減肥效果如何？**

A、效果極佳

B、未見成效
C、無法判斷
D、時好時壞

**（二）愚公移山是神話寓言，底下哪一本小說則專門記載鬼怪之事？**

A、金瓶梅
B、紅樓夢
C、聊齋志異
D、三國演義

**（三）如果你參加姊姊生日宴會，下列哪句話最得體、最能安撫她的減肥經驗？**

A、胖人有胖福
B、肥水不落外人田
C、人怕出名豬怕肥
D、自然就是美

# 17 第十七回合

題目設計：台南市復興國中吳蓓欣老師

## 一、找碴王

**底下短文計有十處使用不當，請你將它一一挑出並修正。**

光陰似劍，歲月如流，過去、現在、未來構成時間三部曲。多少人眷顧著過去，又有多少人期盼著未來，卻乎略活在當下，才是最眞實的人生。

過去，或許是令人回味的，抑或者是令人淚涔涔的，但那都已是昨日黃花，永不回頭。與其沉湎於過去，而且把握現在；只有活在當下，才能腳踏實地體驗生活，進而實現夢想。

未來雖充滿希望，卻是渺小虛幻的。「我生待明日，萬事成蹉跎」，若把一切事情冀望於明天，明天將成爲因循苟且者的里程碑，未來就如曉風殘月般的空幻。唯有珍惜此時此刻，努力耕耘，未來才能散播芬芳。

過去已成歷史，未來還無法預知，唯有當下，才是我們最應珍惜的。

## 二、推敲王

**(一)對於本文寫作，哪一項評語最爲妥切？**

A、層次井然，條理分明

B、旁徵博引，用例恰當
C、質疑反駁，層層深入
D、豪放壯闊，氣象萬千

**（二）若要爲本文下個標題，何者最恰當？**

A、活得漂亮
B、青春無價
C、把握當下
D、積極生活

**（三）以下哪句話最不符合本文的意旨？**

A、及時當勉勵，歲月不待人
B、不貴尺之壁，而重寸之陰
C、花有重開日，人無再少年
D、晝短苦夜長，何不秉燭遊

# 18 第十八回合

題目設計：台北市金華國中姚舜時老師

## 一、找碴王

**底下短文計有十處使用不當，請你將它一一挑出並修正。**

小時候的我，天眞濫慢。記得是念小學前吧！趁媽媽不在家時，坐上梳妝台拿起各種化妝品將臉塗得五花八門；穿上媽媽的棋袍及高跟鞋，再以掃把當麥克風，便興高采烈的引吭高歌，完全達到渾然忘我的境界。等聽到媽媽的開門聲，想要毀屍滅跡已經來不及了，只好在媽媽的獅吼聲中，趕緊去洗畫鉛華。

小時候的我，調皮搗蛋。爸媽在睡午覺，獨自一人眞是無聊。唉！窗台上是什麼？原來是螞蟻搬家。看我的孔明借東風，一口氣將數支首尾相連的螞蟻戰艦，吹落萬丈深谿，再抓一些放在水中，看牠們戴浮戴沉，就好像在演鐵達尼號沉船記。

小時候的我，純眞活潑，可愛善良⋯，不說了，說來你們也是不信的！

## 二、推敲王

**（一）根據作者描述小時候的行爲，那時大約幾歲？**

A、始齔之年

B、志學之年
C、及笄之年
D、弱冠之年

**（二）文末作者說：「不說了，說來你們也是不信的！」下列敘述中何者最不可能是其原因？**

A、作者小時很頑皮，沒有可愛的事情可寫
B、作者想留給大家想像的空間
C、作者認爲大家一定不相信，所以不用寫了
D、作者文思枯竭寫不下去了

**（三）文中提到「首尾相連的螞蟻戰艦」，有句歇後語：曹操的戰艦——首尾相連。下列歇後語的配對何者不正確？**

A、大肚子走鋼絲——鋌而走險
B、韓信點兵——願者上鉤

C、秀才遇到兵——有理說不清

D、八仙過海——各顯神通

# 19 第十九回合

題目設計：台中市安和國中陳姿伶老師

## 一、找碴王

**底下短文計有十處使用不當，請你將它一一挑出並修正。**

夏天來了，望著那驟雨如絲的天空，心情也跟著遜色起來，眞盼望梅雨季快點結束，好讓我擁抱熱情的夏陽。

談到夏天，不禁想起那五花八門的清涼冰品，蜜豆冰；粉圓冰；仙草冰；芒果冰，應有盡有，眞讓人退避三舍，口水直流。再想想，在炎熱的夏季裡，躲在冷氣房中，吃著沁涼的冰品，那可全身晶瑩剔透呢！

夏季也是個溫馨的季節，枝頭上的蟬兒總喜歡趕熱鬧，以牠們那口若懸河的鳴叫聲，提醒著人們夏日已到。校園裡的梅花，更以那豔紅的色彩來奪人眼目，配合著令人感傷的畢業旅行，無數的辛辛學子將帶著一股離情依依的心情離開母校。

## 二、推敲王

**（一）如果要你替這篇短文訂個題目，下列哪一個選項最合適？**

A、惱人的夏天

B、吃冰的夏日

C、夏日的風情

D、離情畢業時

**（二）由本文末段文意，可看出作者對夏季的感受如何？**

A、享受清涼吃冰的浪漫

B、熱鬧豔麗又感傷

C、看不出作者的感受

D、無視夏天的存在

**（三）本文所描寫的季節和下列哪一個選項相同？**

A、採菊東籬下，悠然見南山

B、海棠開笑靨，楊柳展顰眉

C、朔氣傳金柝，寒光照鐵衣

D、江南可採蓮，蓮葉何田田

# 第二十回合

題目設計：金門縣金城國中李榮團老師

## 一、找碴王

**底下短文計有十一處使用不當，請你將它一一挑出並修正。**

我的媽媽年近五十，雖然徐娘半老，但身材保持得很好。她生性節儉又克苦耐勞，做起事來更是一絲不掛。她最看不慣我的浪費，罵我喜歡到家徒四壁、金碧輝煌的高級餐廳吃飯，叫了一大堆餐點又吃不完；罵我喜歡買冥牌服飾，一雙運動鞋動不動就上千元；罵我出門不坐公車，喜歡搭乘計程車。

我也知道賺錢不易，像工人在豔陽高照的如日中天下流汗工作，像清道夫在凌晨街道中將垃圾搬有運無，他們的收入都不多。媽媽，其實只要想到您辛苦地幫人家帶小孩賺錢，我常常總是有點自責，有時還會哭到無法自己。媽媽，我知道您一直偷偷買彩卷，我會到廟裡頭燒香，祈求耶和華保佑您中大獎。

## 二、推敲王

**（一）下列何者最符合本文所要表達的意旨？**

A、珍惜時間

B、及時行樂

C、戒奢尚儉
D、與人爲善

（二）**本文提到人生四大需求中的哪三項？**
A、食、衣、住
B、衣、住、行
C、食、衣、行
D、食、住、行

（三）**下列何者最符合作者的行爲描述？**
A、叛逆成性、不知悔改
B、循規蹈矩、勤奮節儉
C、孝順父母、唯命是從
D、揮金如土、尚知反省

# 21 第二十一回合

題目設計：雲林縣崙背國中許鈴佑老師

## 一、找碴王

**底下短文計有十一處使用不當，請你將它一一挑出並修正。**

在非洲的南非有一種動物名叫狐獴是地球上合作性極高的哺乳類動物之一。牠們小頭銳面，大概只有三十公分高，身型細瘦；在危機四伏的草原沙漠中，卻懂得以團結來對抗，增加族群茂盛的機會。EX集體覓食時，負責作壁上觀、守衛的狐獴必須延後進食，以確保群體安全。狐獴媽媽外出時，會有代理媽媽照顧小狐獴，這些媽媽可以翌日挨餓、貼身守護，只爲確保幼←平安；由此可知，狐獴重視團體生存勝過自我利益。而且，最聰明的哺乳動物是人，卻往往將己利擺在第一位，枉顧道義。哇！「犧牲小我，完成大我」的美德已經很少聽到了。

## 二、推敲王

**（一）下列哪一個選項最符合本文主旨？**

A、認識狐獴生態

B、注重動物保育

C、強調團結合作

D、不可追求財勢

**（二）狐獴行爲和下列哪一個選項相似？**

A、富貴於我如浮雲

B、凡事豫則立，不豫則廢

C、在火辨玉性，經霜識松貞

D、落紅不是無情物，化作春泥更護花

**（三）關於本文寫作方式，下列哪一個選項有誤？**

A、以疑問作結

B、大量使用排比

C、先舉例再議論

D、藉狐獴反襯人類

22

# 第二十二回合

題目設計：台中縣后里國中吳國豪老師

## 一、找碴王

**底下短文計有十處使用不當，請你將它一一挑出並修正。**

日期：九十五年五月三日　天氣：晴空萬里

清晨還在與床纏綿溫存的時候，突然天外飛來一筆門鈴聲，一聲接一聲，叫醒沉睡中的我，心底立即翻起濤天的怒氣，暗地叫罵：「眞是的，好不容易有個假日，還沒睡飽就得起來，眞是糟踏！」

雖然滿腹怒火，但是面對亙古未歇的鈴響，只好奔波下樓，準備看看是誰破壞咱們的好夢。

一開門，左瞧瞧、右瞧瞧，竟空無一人。「莫非我在作夢？還是有人混吃混玩地捉弄我？」內心尚搖曳不定。突然一陣風迎面而來，「碰！」

「哇！我沒帶鑰匙。」突然見到暗戀已久的小美從隔壁走出，轉頭大喊：「啊！變態！」留下衣衫不整的我，監介地站在門外，瀏覽著這個謎團。

## 二、推敲王

（一）本篇文章就型式而言，屬於哪一種文體？

A、記敘文

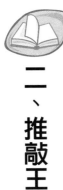

B、論說文

C、應用文

D、抒情文

**（二）由文章內容，可知作者心情的轉折為何？**

A、舒服↓生氣↓懷疑↓羞愧、不知所措

B、懷疑↓生氣↓尷尬↓懷疑

C、舒適↓懷疑↓生氣↓羞愧、不知所措

D、舒適↓生氣↓懷疑↓躊躇滿志

**（三）從文意推論，門鈴到底是誰按的？**

A、作者作夢

B、頑皮的小孩

C、小美

D、無從判斷

23

# 第二十三回合

題目設計：高雄市小港國中鄭潔慧老師

## 一、找碴王

**底下短文計有十處使用不當，請你將它一一挑出並修正。**

孟夏時分，趁著週休二日，我帶著興奮的心情參加鐵人三項競賽。

當槍聲響起，個個爭先恐後的游泳，海邊的飛鳥及游魚都不見了，眞是沉魚落雁、好手雲集。在來是四十公里的騎腳踏車，正在爬山的民眾爲我加油打氣。途經去年因爲颱風豪雨而泛濫的地區，現已恢復生機，成畦的稻田秧針半吐，又見農民愉快的採收瓜熟第落的西瓜，眞像鄭板橋所說的「原上摘瓜童子笑，池邊濯足……田家樂。」最後進行十公里的跑步時，有些選手以經步履蹣跚，我看著前面穿十號背心的選手，努力的超越過他，如此就不會望其項背了。已疲累的我，揮汗如雨、口乾舌燥，最後奮力抵達終點。

經過一個下午的比賽，我累得氣喘如牛。大會宣布名次時，我得到第三名，這樣的成蹟可以告慰劣祖劣宗。休息過後已是日薄西山，我度過了美好的一天。

## 二、推敲王

**（一）文中鐵人三項比賽是指什麼？**

A、鐵餅、鉛球、標槍

B、游泳、鐵馬、爬山

C、游泳、射擊、馬拉松

D、游泳、自行車、長跑

**（二）從文中可以知道比賽的路線經過哪些地方？**

A、射擊場、西瓜田、西山

B、海、農田、西山

C、海、山、農田

D、射擊場、水災區、農田

（三）文中的主角是在什麼季節參加鐵人三項比賽的？

A、農曆二月

B、農曆四月

C、農曆六月

D、農曆八月

24

# 第二十四回合

題目設計：桃園縣慈文國中吳韻宇老師

## 一、找碴王

**底下短文計有十處使用不當，請你將它一一挑出並修正。**

　　媽媽工作忙祿，對待子女總不似其他母親般溫柔，而且她卻很照顧我。媽媽在市場賣衣服，常常看她一身簡單的裝扮，就出門工作。再加上媽媽的學力不高，總覺得她外表土土的不太會說話。

有一天，媽媽要我送衣服到市場。一到那門可羅雀喧擾的地方，就看到一位打扮得奼紫嫣紅的小姐，一邊翻動著衣服還一臉驕傲不肖的樣子，實在很ＢＡＬＡ，簡直和媽媽謙卑客氣的神情形成強烈對比。等到那位小姐離開後，看到媽媽依舊還是露出笑容招待下一位顧客，在她的臉上我看到自然平凡的動人光彩。當時的那一幕，至今仍深絡在心中。她是平庸卻令我尊敬的媽媽。

## 二、推敲王

**（一）作者事後對母親的印象改觀，是因為：**

Ａ、養兒方知父母恩

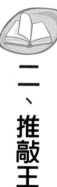

B、子欲養而親不待

C、受媽媽謙卑樸實的感動

D、媽媽很照顧他的生活起居

**（二）下列哪句會是文中顧客的語氣？**

A、哇！衣服好貴啊！

B、請問這件衣服多少錢？

C、我好喜歡這件衣服喔！

D、這些衣服沒有一件我看得上眼。

**（三）有關作者母親的形象，下列何項無法在文中看出？**

A、自然簡單

B、不善言辭

C、親切和氣

D、人緣很好

# 25 第二十五回合

題目設計：台北市明湖國中施教麟老師

## 一、找碴王

**底下短文計有十二處使用不當，請你將它一一挑出並修正。**

早上第一節國文課，鍾一響，老師才喊「下課」，我就衝往福利社。眞是禍不單行，在下樓梯時，我不小心呱呱墜地，當場摔個滿頭包，幸虧有好心的學生將我送到健康中心。

護士阿姨廁身一看，她覺得情形不妙，馬上通知爸爸到校。我等了半天，爸爸才接二連三到達。護士焦急地對爸爸說：「您趕快帶我到醫院，檢查看看有沒有腦震盪？」到了醫院，醫生慢吞吞地說：「要住院觀查。」我問醫生：「哪一天才是我出院的大去之期？」「最快四天。」醫生面無表情地回答。

爸爸因爲要趕著回去上班，叮嚀醫院護士好好照顧我。果然沒有白托，她們對我照顧得無微不至，再加上我年青，老當益壯，終於順利出院。

## 二、推敲王

（一）下列哪一個選項最適合當作這篇短文的題目？

A、福利社

B、下課十分鐘
C、求醫記
D、我的爸爸

（二）**由文意推論，作者在醫院可能住上幾天才出院？**
A、一天
B、二天
C、三天
D、四天

（三）**由文意推論，病患對誰的印象最差？**
A、國文老師
B、醫生
C、護士
D、爸爸

# 26

# 第二十六回合

題目設計：台北市明湖國中施教麟老師

## 一、找碴王

**底下短文計有十處使用不當，請你將它一一挑出並修正。**

雖然已經是三月了，但是氣候還是忽冷忽熱，昨天我的宿疾口蹄疫又發作了。媽媽說：「明天帶我到阿里山過夜，呼吸新鮮空氣。」我聽了好高興。

今天一大早我就起來整理遺容，因爲是假日的關係，一路上車子多得像罄竹難書，路旁不時有風度翩翩的女孩子在賞花。經過將近兩個小時的塞車，我們才到達目的地。

我們先到一家餐廳享用午餐，飯後我提議散步到山頂去看日出。爸爸因爲太久沒有運動，走不到幾步就吳牛喘月，嚷著要休息，叫我們先走。我和媽媽在山頂等了一陣子，爸爸才絡繹不絕地到達。

晚上天氣變得好冷，氣溫只有五度而以。隔天一大早，我在朔風寒雨中，依依不捨地踏上歸程。

## 二、推敲王

**（一）下列哪一個選項最適合當作這篇短文的題目？**

A、賞花時節

B、塞車最苦

C、運動最補

D、阿里山記遊

**（二）由文意推論，作者對這次的旅遊滿意度如何？**

A、乘興而往，敗興而歸

B、敗興而往，乘興而歸

C、無法判斷

D、非常滿意

(三) **本文的旅遊季節和哪一個選項相同？**

A、月到中秋分外明，人逢喜事精神爽

B、紅豆生南國，春來發幾枝？

C、晚來天欲雪，能飲一杯無？

D、漠漠水田飛白鷺，陰陰夏木囀黃鸝

# Part 2 老師詳解

# 1 第一回合

解題：台北市明湖國中施教麟老師

## 解析找碴王

上上個禮拜的中秋節眞令我感傷。

記得幾年前的一個中秋節，我們全家到花蓮旅遊，住宿的飯店裝簧①得美倫美奐②，推開窗戶就可看見浩瀚的台彎海峽③，傍晚時我們在海邊戲水，欣賞著夕陽西下④的美景。可是好景不常，不久，天空飄起了滂沱細雨⑤，爸爸不准許⑥我和弟弟繼續玩水，我們只好回到房間。

我們百般無聊地看著電視。突然，奶奶對著窗户興奮地喊著：「雨停了，月亮露臉了，又大又圓，大家快到外面賞月。」「雨，確定眞的⑦已經停了！」爸爸推開窗户後點點頭說。大夥再次回到海邊沙灘，在浪漫的月色下，我還看到有對情侶在談情說愛，女孩子還作出小人依鳥⑧狀，靠在男友身上。

如今奶奶已經慘絕人寰⑨，永遠離開了我們。「每逢佳節倍思親」，今年的中秋節，我特別對奶奶有著一股非分之想⑩。

【說明】

① 裝「簧」：裝「潢」、彈「簧」要分清楚。

② 美「倫」美奐：「美輪美奐」才對。

③ 台灣海峽：花蓮在台灣東部，所以只能看到「太平洋」，不可能看到西部的「台灣海

峽」。

④夕陽西下：同③，東部只能看到日出。

⑤滂沱細雨：滂沱，雨勢盛大的樣子。宜改成「綿綿細雨」。

⑥淮許：「准許」、「淮水」用字不同，要分清楚。

⑦確定眞的：冗詞，「確定」、「眞的」刪掉其中一個。

⑧小人依鳥：「小鳥依人」才對，形容女子或小孩依傍他人而嬌弱可愛的樣子。

⑨慘絕人寰：慘狀幾乎爲世間所無，形容悲慘到了極點。此處可改爲「撒手人寰」。

人寰：人間。寰，音ㄏㄨㄢˊ。

⑩非分之想：非本分所應有的妄想，此處可改「濃濃思念」。

## 解析推敲王

（一）B、嫦娥

說明：「嫦娥奔月」和月亮有關，而中秋節主要活動之一就是賞月。

（二）D、五顏六色

說明：形容色彩繁多。

（三）B、此時王維一家團圓

說明：由「獨在異鄉爲異客」可知王維身處他鄉。

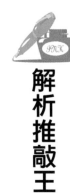

# 2 第二回合

解題：新竹縣寶山國中何美慧老師

## 解析找碴王

「燦爛的未來，是屬於那些工作勤勉的人」，這句話映證①一個道理：只要克苦耐勞②，持續耕耘，不要老是想要不勞而穫③，就會有成功的一天。

對我們國三生來說，現在的生活可謂「水深火熱」，每天考試多得像九牛一毛④，有小考、週考、段考、模擬考。面對一成不變的生活及課業厭力⑤，我都快要退避三舍⑥了。

但是我不退縮，經過我孜孜不倦、玩日愒歲⑦的讀書，最近成績迥然⑧，令人刮目相看。同學看到我的成績突飛猛進，莫不流言蜚語⑨，嘖嘖稱奇。

這次的考試讓我信心十足，我更期盼未來的基測成績能讓師長滿意。「月落烏啼霜滿天，肥水不落外人田⑩……」不聊啦！我要趕緊背會這首張繼的〈楓橋夜泊〉。

## 【說明】

①映證：「印證」才對。

②克苦耐勞：「刻苦」、「克服」要區分清楚。

③不勞而穫：動詞「不勞而獲」、「獲得」，和名詞「收穫」要區分清楚。

④九牛一毛：許多牛身上的一根毛。比喻多數中的極少部分，對大體沒有什麼影響。此處可用「雨後春筍」。

⑤ 厭力：「討厭」、「壓力」要分清楚。

⑥ 退避三舍：比喻遇到實力很強的對手，爲避免正面衝突折損太多，乃主動讓步，不與人爭。此處可以改爲「承受不住」。

⑦ 玩日愒歲：怠惰偷安，虛度光陰。愒，音ㄎㄞˋ。此處可改爲「手不釋卷」。

⑧ 迥然：差異很大的樣子，如「迥然不同」。此處可改「斐然」，出色的意思。

⑨ 流言蜚語：本指製造不實的傳言，用來詆毀他人。後泛指謠言。蜚，音ㄈㄟ。此處可改「交頭接耳」。

⑩ 肥水不落外人田：原詩爲「月落烏啼霜滿天，江楓漁火對愁眠」。

## 解析推敲王

（一）D、一分耕耘，一分收穫。

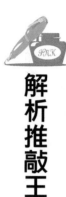

說明：由「持續耕耘」、「經過我孜孜不倦……的讀書」兩處可知。

（二）D、日月蹉跎

說明：「玩日愒歲」的意義請見解答⑦。A、夙夜匪懈：指早晚都不懈怠。B、乘時趨利：指商人把握時機，追求利益。C、玩物喪志：指一味玩賞無益的器物，因而消磨人的壯志。

（三）B、守株待兔

說明：（偶然）在樹下抓到一隻兔子，不能保證以後兔子（必然）繼續出現在樹旁。

# 3 第三回合

解題：桃園市慈文國中吳韻宇老師

## 解析找碴王

如果說天底下最受寵的，那必定我妹妹莫屬①了。

從小妹妹就討人喜歡，圓圓亮亮的眼睛，走在路上常吸引眾人的目光。若有人稱讚她漂亮，她還是②毫不在意，但在她身旁的我們卻覺得樂此不疲③。

或許「得三千寵愛於一身」，自然就養成她驕縱蠻橫的個性。只要將她留在家中，不甘寂寞的她，勢必一定④破壞家中的一切，待我們回家時，再露出衣冠楚楚⑤的神情來求饒。此外，別看她外表一派優雅，她可是家中的大饕客，只要一看到食物，哪管淑女的形象，更甭談「不食皆來食⑥」的清高，面對「吃」那副貪得無饜⑦的嘴臉，眞是讓人覺得有夠⑧好笑。

不過，即使她如此無賴，她永遠是我們的最愛，黃金獵犬「妹妹」⑨，因爲我們一家都是人⑩。

## 說明：

① 莫屬：應是「非」我妹妹「莫屬」才對。

② 還是：應改爲「總是」。

③ 樂此不疲：指喜好做某事，而不以爲倦苦。此處可改爲「與有榮焉」。

④ 勢必一定：語意重複，可刪除「一定」。

⑤衣冠楚楚：服飾整齊鮮麗。此處可改為「楚楚可憐」。

⑥不食「皆」來食：「嗟」才對。「嗟來食」指侮辱性或不懷好意的施捨。

⑦貪得無「靨」：應改為「饜」或「厭」。笑「靨」，音一ㄝˋ。

⑧「有夠」好笑：「有夠」二字屬方言用法，可改為「很」或「非常」。

⑨黃金獵犬「妹妹」：此處標點符號「」，應改為「——」（破折號）。

⑩我們一家都是人：語法錯誤，「我們都是一家人」才對。

## 解析推敲王

（一）C、萬般喜愛

說明：由文中最末段：「她永遠是我們的最愛」可知。

（二）D、作者的寵物

說明：文中出現「黃金獵犬——妹妹」關鍵句，黃金獵犬是狗的品種名。

（三）B、寂寞無依

說明：文中「不甘寂寞的她破壞家中的一切」，但並未提及妹妹會「寂寞無依」。

# 4

# 第四回合

解題：屏東縣萬丹國中張儷瀞老師

## 解析找碴王

今天我要到台北探望爸爸，順便到養老院①看看孤兒。出發前，我在門口的芒果樹下喝著豆漿②，芒果突然一棵棵③往下掉，我將它們放入皮夾④，準備送給孤兒。

到了台北，看到前面的警察欄阻⑤抗議民眾，希望他們冷靜。我嚇了一跳，趕緊轉入旁邊小巷，匆忙之間打翻了芒果，驚動了幾位正在閉目養神的遊民，他們最先是三緘其口⑥地望著地上的芒果，不久就搶成一堆。一位個子瘦小的遊民搶不到芒果，只好拾人牙慧⑦，撿取別人吃剩的，這些吵鬧聲驚動了正在執勤的警察。

我被帶回警察局作筆錄，我舌粲蓮花⑧地說出事情的來龍去脈。在台北工作的爸爸一接獲警察的通知，就迫不急待⑨地趕來了。「誤會一場，誤會一場。歡迎賢昆仲⑩到台北來！」警察邊走邊送我們離開警察局。下午到了孤兒院，我尷尬地說：「只剩下兩個芒果了！」「禮重情意輕⑪，沒關係啦！」院長拍拍我的肩膀說。接著，我又虛擲⑫了一個下午的時間和孤兒共度，感到好充實、好快樂。

【說明】

①養老院：「孤兒院」才對。

②豆漿：豆「漿」才對。

③一棵棵：一「顆」芒果、一「棵」樹，單位用詞要分清楚。

④皮夾：皮夾裝不下芒果。

⑤欄阻：「攔」阻、柵「欄」用字易混淆。

⑥三緘其口：言語謹慎或沉默不語，緘，音ㄐㄧㄢ。此處可用「垂涎三尺」。

⑦拾人牙慧：形容抄襲他人的言論。此處可改「等眾人散去」。

⑧舌粲蓮花：形容口才好。此處可用「振筆疾書」。

⑨迫不急待：迫不「及」待才對。

⑩賢昆仲：對人兄弟的尊稱。此處應改成尊稱對方父子的「賢喬梓」。

⑪禮重情意輕：「禮輕情意重」才對。

⑫虛擲：浪費、虛度，和後面的「充實」文意衝突，可改成「我和孤兒共度了一個下午」。

# 解析推敲王

（一）B、一「副」圖畫

說明：一「幅」圖畫、一「副」眼鏡。

（二）B、最少兩次

說明：由文末「我又虛擲了一個下午……」的「又」字，可判斷至少兩次。

（三）A、助人爲快樂之本

說明：作者因爲幫助孤兒而得到快樂。

5

# 第五回合

解題：高雄市小港國中鄭潔慧老師

## 解析找碴王

上週末我和蜜友①小莉一起去爬山，去程山巒起伏，有點吃力。我知道小莉爲了課業，常血脈噴張②地和父母爭執，她邊喘氣邊抱怨地說：「雖然她③的父母桃李滿天下，家境也小開④，可是功課就是此起彼落⑤。」聽了她的話，我覺得自己幸運多了。我父親功在杏林，工作很忙，不太管我，我有充分的自由，想到這裡眞是太感謝了，我一定要用盡心機⑥報答爸媽。

回程，隨著山勢每況愈下⑦，我們感到很輕鬆。不久，我們在路旁小涼亭裡面，斤斤有味⑧地吃著小莉帶來香噴噴的肉包子。突然，有隻瘋狗目露兇光地靠過來，危險時刻，小莉急中生智，用肉包丟擲瘋狗後，我們拔腿就跑，最後累得汗牛充棟⑨。小莉笑著說：「今天真正體驗到『肉包子打狗——有去有回⑩』這句話。」我一臉倦容地說：「時間不早了，我們同歸於盡⑪，趕緊回家吧！」

【說明】

① 蜜友：「密」友才對，指親密而知己的朋友。

② 血脈噴張：血脈「僨」張才對，形容情緒極度激動以致血管擴張，全身發熱的現象。僨，音ㄈㄣˋ。

③ 她：應改爲「我」才對。因爲這是當事人的說話內容。

④ 小開：家境「小康」、他是「小開」易混淆，須特別注意。

⑤ 此起彼落：形容連續不斷。此處可改為「不見起色」、「一落千丈」。

⑥ 用盡心「機」：用盡心「思」才對。

⑦ 每況愈下：情況愈來愈壞。此處可改成「緩緩而降」。

⑧ 斤斤有味：「津津有味」才對。

⑨ 汗牛充棟：形容書籍極多。可改成「氣喘吁吁」。

⑩ 有去有回：應改為「有去無回」才對。

⑪ 同歸於盡：一同毀滅或死亡。可改成「互相道別」。

# 解析推敲王

（一）D、司馬昭之心——恩怨分明

說明：司馬昭之心——路人皆知

（二）C、教師

說明：「桃李滿天下」指教過的學生很多，可知小莉的父母從事教職。

（三）A、醫生

說明：「杏林」專指「醫學界」。「功在杏林」指在醫學界很有功勞，據此可知作者的父親是位醫生。

6

# 第六回合

解題：台北市明湖國中施教麟老師

## 解析找碴王

「您的信用卡已經①被盜用，請趕快和銀行聯絡，如需要服務請按9，由專人爲您處理。」自從農曆八月②開鬼門關起，我就三五成群③地接到這類詐騙電話。

昨天清晨好夢正甜，突然電話又嚮起④，催促我去補繳房屋稅，否則房子會被扣押。拜託，我既沒有台開股票，也沒有貴婦人送來禮卷⑤，更沒有國務機要費，哪來房子？我生氣地責罵對方「騙子」，再「喀！」一聲掛他電話。

「你叫的三個披薩和五瓶可樂送來了！」中午時，外送人員莫明其妙⑥地要向我這個國三生收錢。「我沒有訂啊！」「嘿！明明在電話中，你說是你十五歲生日晏會⑦要慶祝的。」查了半天，才弄清是詐騙集團對我的抱負⑧。

唉！我眞是人財兩失⑨。經過這次慘痛教訓，以後再接到類似電話，儘管不奈煩⑩，我也不敢再得失⑪他們。

# 說明：

① 己經：「已經」、「自己」、「無法自已」（無法自我控制）要分清楚。

② 農曆八月：鬼月是農曆七月。

③ 三五成群：形容零散結集的樣子。此處可改爲「接二連三」。

④ 電話又嚮起：「電話響起」、「嚮往」要分清楚。

⑤禮卷：「禮券」、「考卷」要分清楚。券，音ㄑㄩㄢˋ。
⑥莫明其妙：莫「名」其妙才對。名，形容的意思。
⑦晏會：「宴會」才對。
⑧抱負：「報復」才對。抱負，志向；報復，報仇。
⑨人財兩失：人與財物都失去。作者只有損失披薩費用，此處可改「哭笑不得」。
⑩奈煩：「無可奈何」、「不耐煩」要分清楚。
⑪得失：這是閩南語講法，要改成「得罪」。

## 解析推敲王

(一) D、上元節／普渡
說明：上元節（元宵節）／花燈；中元節／普渡。

（二）B、以牙還牙

說明：由詐騙集團謊訂披薩報復作者的電話責罵可知。

（三）D、始齔之年

說明：D、始齔之年／七、八歲；

A、弱冠之年／二十歲；

B、而立之年／三十歲；

C、二八年華／十六歲。

7

# 第七回合

解題：南投縣水里國中陳智屏老師

## 解析找碴王

唐朝有一位志大才疏①、非常有能力的文人劉禹錫。他非常自負，自認文章出類拔粹②，因此恃才傲物③。他對於官場的馬屁文化，一蓋④不理會，大家都罵他剛復自用⑤，朝廷將他扁⑥了好幾次。

有一次他長袖善舞⑦的唱著：「百畝庭中半是苔，桃花淨盡菜花開。種桃道士歸何處?前度劉郎今又來。」意思是說朝廷官員一半都是廢物（苔），只剩下二三流的人（菜花開）在主政，因此又得罪當朝。

一生特立獨行的他，未被無情的政治環境所打敗，曾作〈漏室銘⑧〉自我期許，其中有句膾炙人口⑨的名言「山不在高，有仙則名。」據說，他晚年就隱居在山上，他可眞是名幅其實⑩的一代儒者。

【說明】

① 志大才疏：指志向遠大，而才能疏闊不實在。和後面「非常有能力」的文意不合。

② 出類拔「粹」：應改爲「萃」。

③ 「侍」才傲物：「恃」才傲物才對。

④ 一「蓋」：一「概」才對。

⑤ 剛「復」自用：應改爲剛「愎」自用才對。指固執己見，不肯接受他人意見的人。愎，

音ㄅㄧˋ。

⑥「扁」了好幾次：「貶」才對，貶官的意思。

⑦長袖善舞：喻人行事的手腕高明，善於經營人際關係。此處可改「手舞足蹈」。

⑧「漏」室銘：「陋」室銘。陋室，簡陋的房子。

⑨膾「灸」人口：膾「炙」人口才對。形容爲人讚賞的詩文，或流行一時的事物。針「灸」、膾「炙」人口的用字容易混淆，宜多注意。

⑩名「幅」其實：「副」才對。

## 解析推敲王

(一) C、高風亮節

說明：高風亮節：指高尚的品格，堅貞的氣節。

（二）B、百畝庭中半是苔，桃花淨盡菜花開

說明：「苔」比喻朝廷官員都是廢物，「菜花開」比喻朝廷只剩二三流的人在主政，是譬喻修辭。

（三）A、是一首七言律詩

說明：七言絕句才對。

# 8

# 第八回合

解題：彰化縣溪湖國中許淑子老師

## 解析找碴王

下課之後，便是黃昏了／偶爾望一望依舊甚囂塵上①卻不再逗留的藍球場②／
因爲你逼近的身影隱約透露眩麗③的未來

晚自習之後，便是深夜了／一如往長④經過熱鬧的網咖卻不再沉迷／因爲跨越你
這面⑤關卡比網咖更具挑戰性

我每天每天的上下課／有像⑥自你手中放飛的風箏在一望無際的天空，吸收日月精華將年青⑦不經意的粗心／遂一⑧收爲謹慎而專注的細心

就像學長和學姐／爲自己贏取了／燦爛而豐富的高中生涯啊！明知追隨你的路坎坷，但我決對⑨不膽怯／只因這是生命中最堅困⑩／也是最豐碩的轉捩點

## 【說明】

①甚囂塵上：多指傳聞四起，議論紛紛。此處可用「喧囂」、「喧譁」。
②「藍」球場：「籃」球、「藍」色用字不要混淆。
③「眩」麗：「絢麗」、「頭暈目眩」不要混淆。
④一如往「長」：一如往「常」才正確。
⑤這「面」：量詞使用錯誤，關卡要用這「道」。
⑥有像：「有像」乃閩南語語法，可改成「像」、「有如」。

⑦ 年「青」：「年輕」、「青年」不要混淆。

⑧「遂」一：「逐」一才對，意指一個接著一個。

⑨「決」對：「絕」對才對。

⑩「堅」困：「艱」困、「艱」辛、「堅」強在用字上不要混淆。

## 解析推敲王

（一）C、現代詩

說明：從形式上可以判斷。

（二）C、基測

說明：從「隱約透露絢麗的未來」、「就像學長和學姐」、「燦爛而豐富的高中生涯」、「你這道關卡」可得知是基測。

（三）D、對仗

說明：A、轉化：「吸收」日月精華。B、呼告：全詩乃對你（基測）的一種告白。C、映襯：「將年輕不經意的粗心／逐一收爲謹慎而專注的細心」「最艱困／也是最豐碩的轉捩點」。而文中並沒有使用對仗的句子。

9

# 第九回合

解題：屏東縣潮州國中潘文鶯老師

## 解析找碴王

我是一位相貌平凡又內向害羞的女生，但自從在校園邂逅①了他，閉月羞花②的我開始有了勇氣追求眞愛。爲了讓他注意我，我使勁③渾身解數博取他的好感，希望夢想能一語成讖④。但他看到我還是目不轉睛⑤，喬也不喬⑥我一眼。

我沒有就此放棄，甚至跑去媚登峰重新雕刻⑦我的身材，讓我的停機坪，能夠變成小山丘；讓我粗壯多毛的蘿蔔腿變爲寸草不生⑧、光滑動人的茭白筍。雖然老師常說：「十七、十八無醜女，做自己就好。」但我還是不死心，爲了他，即使捨身取義⑨也在所不辭。

昨天，他又從我的窗户前走過，我在⑩一次向他招手，他終於以微笑回應，害我頭腦裡面⑪的小鹿亂撞起來了。

## 【說明】

①邂「詬」：「逅」才對。邂逅，指沒有事先約定而偶然相遇。

②閉月羞花：形容女子容貌姣好，足使花、月爲之退掩、失色。和之前的相貌平凡矛盾。可改爲「羞於開口」。

③使勁：勁，是指力量；應改爲「盡」，盡全力的意思。

④一語成讖：指本爲一句無心的話，竟然變成預言且應驗了，多用於負面，故此處不適

當，可把整句改爲：「希望能美夢成眞」。讖，音ㄔㄣˋ。

⑤目不轉睛：指很專注看的樣子；應改成「無動於衷」或「視而不見」。

⑥喬：應改爲「瞧」，用眼睛看的意思。

⑦雕刻：是指用刀子刻出文字或圖案；身材可用「雕塑」。

⑧寸草不生：形容土地貧瘠；可改爲「潔白無比」。

⑨捨身取義：指爲了仁義，犧牲生命。應改爲「赴湯蹈火」。

⑩在：「再」才對，「又」的意思。

⑪頭腦裡面：底下「小鹿亂撞」是指心跳加快，心臟不在頭腦裡面。

## 解析推敲王

（一）C、自然就是美

說明：十七、十八無醜女：年輕女孩本來就很漂亮，不需要刻意打扮。

(二) D、一丘之貉

說明：同一山丘上的貉。比喻彼此同樣低劣，並無差異。

(三) A、不折不撓

說明：由「我沒有就此放棄，甚至跑去媢登峰」一句可知。

# 10

# 第十回合

解題：嘉義市南興國中莊淑翔老師

## 解析找碴王

每當讀到席慕蓉的詩句：「溪水急著要流向海洋，浪潮卻渴望重回土地。」我總會想起那段「生在福中不知福」①的學生時代。

那時我常常埋怨，嫌房間太小、爸爸太嚴格、媽媽太嘮叨、飯菜不好吃……。成天只想和朋友外出，玩到深夜還樂不思蜀。平時在家也不分擔②家務事，「茶來張口，飯來伸手。」③將父母的關愛視爲理所當然，常常動不動④就跟他們頂嘴。一點都不知體貼，眞是慘綠少年⑤啊！

現在的我，離鄉背景⑥，隻身在外工作，嘗盡了人情冷暖，才想起家裡的好。而且⑦現在沒有門禁，自由自在，卻懷念起從前倍受⑧約束的日子，懷念起餐桌上的家常便飯⑨。原來我就是那浪潮啊！好想立刻回家，讓家中的溫暖塡滿我的虛心⑩。

【說明】

①生在福中不知福：應改爲「身」在福中不知福。

②分攤：多指財物上各別負擔，應改爲「分擔」。

③茶來張口，飯來伸手：「茶來伸手，飯來張口。」才對。

④常常動不動：「常常」爲冗言贅字，應刪去。

⑤慘綠少年：指風度翩翩、意氣風發的青年才俊。可改爲「得意忘形」。

⑥離鄉背景：離鄉背「井」。

⑦而且：後面的連接詞爲「卻」，故應改爲「雖然」比較合適。

⑧倍受：應改爲「備受」，「備」有「非常」、「極」之意。

⑨家常便飯：現在多比喻常見之事，不足爲奇。改成「家常菜」比較好。

⑩虛心：指謙虛，應改爲「空虛」。

## 解析推敲王

（一）C、鏡框式（今昔今）

說明：首段寫現在，次段寫過去，末段又回到現在。

（二）D、作者從小受到父母冷落

說明：由次段的描寫可看出作者父母無怨無悔，非常關心他。

（三）B、背信忘義

說明：動詞＋名詞＋動詞＋名詞

# 11

# 第十一回合

解題：宜蘭縣員山國中于學玉老師

## 解析找碴王

有很多人總是像「雷陣雨」①一樣，在人們發生危難的時候，適時出現並全力協助，這樣的人物我都很敬佩，由其②是「打火弟兄」。

「失火了！」愛管閒事③的民眾，立刻撥打「一一〇」④專線電話通知他們抵達現場救援，他們常常衝入火場救出受困民眾，就算有可能受傷或喪命，而且⑤他們仍不畏懼，這種偉大的精神，真是令人敬佩呀！

他們可說陰魂不散⑥。除了火災，其他如生病急救送醫、祝融⑦肆虐淹水時，他們都會出現，並推三阻四⑧的幫助你。最特別的是，有時他們還能權當「馴獸師」，只要民眾家裡無端冒出幾條蛇，他們就趕來捕捉這些「騷人墨客」⑨。「打火弟兄」爲大家做的事情實在太多了，我們應該好好謝謝這些「一代梟雄」⑩。

## 【說明】

①「雷陣雨」：在此處改爲「及時雨」，才有適時給予協助之意。
②由其：「尤其」才對。
③愛管閒事：文意不連貫，應改爲「熱心助人」。
④「一一〇」：警察局報案專線。此處要改成「一一九」消防局。
⑤而且：語意不順，應用「但是」。

⑥陰魂不散：到處出現，是負面詞語。可改「無所不在」。

⑦祝融：火神。應改水神「河伯」。

⑧推三阻四：形容人處事不乾脆。可改爲「義不容辭」。

⑨「騷人墨客」：指的是讀書人。此處指不請自來且不受歡迎之意，可改用「不速之客」。

⑩「一代梟雄」：狡詐的豪傑，多貶義。此處應爲贊語，可改爲「無名英雄」。

## 解析推敲王

（一）C、消防隊員

說明：「打火弟兄」就是消防隊員。

（二）B、急送考生應試

說明：文中未提及。

（三）D、他們及時助人

說明：第一段即點出。

# 12

## 第十二回合

解題：台北市明湖國中施教麟老師

### 解析找碴王

接到基測成績單①，多日來的緊張心情一掃而空，所謂「一分耕耘，一分收獲②」，我終於可以好好瞑目③地睡個覺了。想到考前最後卅十天④的煎熬，我吃盡了所有的骨頭⑤，每天在書房和參考書爲伍，心情眞是鬱卒，連上下學都埋頭苦幹⑥

地走路。考試日期越近，我的脾氣就越暴躁，一點小事就讓我奮怒⑦不已，無形中得罪了很多同學。

八月我考慮參加游泳訓練班，教練向我掛保證⑧：「除可學會游泳外，至少還可以減肥兩公斤。」我的盤算是：「如果學會游泳，既可擺脫早鴨子⑨的嘲諷，也能證實我這個觸生女⑩不是溫室裡的花朵。」但是媽媽不贊同，她希望我參加高中補習班，我一時不知如何抉擇，内心充滿了茅盾⑪。

## 【說明】

①成積單：「績」才對。「成績」、「累積」要分清楚。
②收穫：「收穫」才對，和「獲得」要分清楚。
③瞑目：比喻人死的時候無所懸念。此處可改爲「閉上眼睛」。
④卅十天：卅，音ㄙㄚˋ，「三十」之意。所以「十」要刪除。

⑤ 骨頭：「苦頭」才對。

⑥ 埋頭苦幹：指做事心力專一，勤勉踏實。此處可改「愁眉苦臉」。

⑦ 奮怒：「憤怒」才對。另外「奮發」、「發憤圖強」也要分清楚。

⑧ 掛保證：這是由閩南語直接翻譯而成。改成「保證」二字即可。

⑨ 早鴨子：「旱鴨子」才對，指「不會游泳的人」。

⑩ 觸生女：「獨生女」才對。一字之錯，音同「畜生女」。

⑪ 茅盾：「矛盾」才對。「矛盾」、「茅塞頓開」要分清楚。

## 解析推敲王

（一）A、感到滿意

說明：由首段「可以好好地睡個覺」可知。

（二）B、紅唇族／蒐集口紅的人

說明：「紅唇族」爲「檳榔族」之代稱。

（三）B、平生不做虧心事，半夜敲門也不驚

說明：其他選項都是「先果後因」。

13

# 第十三回合

解題：彰化縣大村國中徐平珍老師

## 解析找碴王

那天信手翻開《三國演義》，突然看見書中有一片葉子，伸手一碰到他①，瞬間就被吸進黑洞裡。等我睜眼醒來，竟是唐朝末年②廝殺慘烈的三國時代。營帳內，大家爲戰況不明而焦慮，有人問我：「天師有何拙見③？」我故作鎮靜說：「請大家寬心，明天自有奇蹟。」當晚，我調了工匠，開始製造祕密武器，連夜完成一駕④飛機，又教士兵制造⑤機關槍、飛彈。一開打，果然敵方被我打得一落千丈⑥。鴻門宴⑦時，將軍舉杯慶賀：「天師黔驢之技⑧，莫測高深！」我得意地翻閱著有功名冊，突然一片葉子掉出來，又是一陣天旋地轉。猛然醒來，只見書架上的飛機模型，我不經⑨會心一笑，原來是一場同床異夢⑩。

## 【說明】

① 他：葉子是植物的一部分，代名詞宜改爲「它」。
② 唐朝末年：「三國時代」發生在「漢朝末年」。
③ 拙見：拙劣的意見，自謙詞。尊稱對方意見要用「灼見」才對。
④ 一駕：應改爲「一架」才對。
⑤ 制造：應改爲「製造」才對。
⑥ 一落千丈：指業務、成績、地位或聲望等急遽下降。此處可用「一敗塗地」。

⑦鴻門宴：指不懷好意、居心不良的邀宴。應改爲「慶功宴」。

⑧黔驢之技：比喻拙劣的技能已經使完，露出虛弱的本質。此處可改爲「神通廣大」。

⑨不經：「不禁」才對。

⑩同床異夢：比喻共同生活或一起做事的人意見不同，各有各的打算。此處可改爲「白日夢」。

## 解析推敲王

（一）B、記敘文

說明：本文記述一段超越時空之旅，故爲「記敘文」。

（二）C、超時空之旅

說明：主角穿越時間、空間，進行一場改變歷史的奇幻之旅。

（三）D、一片葉子

說明：由文章首末可知。

# 14

# 第十四回合

解題：台東縣鹿野國中沈美玲老師

## 解析找碴王

最近叔叔兢選①村長，我們每天都可以聽到對方不時②的謠言、誇大宣傳的政績，惡意中傷的黑涵③更是滿天飛舞。對手這種自誇的手法，和暗劍↓人④的卑劣手段，實在是令人不恥⑤。

每天傍晚，我們針對敵方的詆毀，提出因應的對策。在大家汗牛充棟⑥的努力下，叔叔以一票之差大敗對方⑦。

從此，聯任⑧失敗的前村長和叔叔水乳交融⑨，互不往來。我覺得大家都是村民，不應該爲了一次選舉而撕破臉，要有「多數服從少數，少數尊重多數」⑩的民主風度才對。

**【說明】**

①兢選：兢，ㄐㄧㄥ，恭敬謹慎；競，ㄐㄧㄥˋ，相爭。戰戰「兢」兢和「競」選要分清楚。

②不時：應改成「不實」，指不是事實的。

③黑涵：應改成「黑函」才對。

④暗劍↓人：「暗箭傷人」才對。

⑤不恥：不認爲羞恥。應作「不齒」：羞與爲伍。齒：牙齒。

⑥汗牛充棟：形容書籍極多。可改爲「鍥而不捨」。

⑦大敗對方：只有勝出一票，所以應該改爲「險勝對方」。

⑧聯任：聯，結合；連，接續，應改成「連任」。

⑨水乳交融：比喻彼此關係密切，投合無間。應改爲「水火不容」才能和下文「互不往來」文意相通。

⑩多數服從少數，少數尊重多數：「少數服從多數，多數尊重少數」才對。

## 解析推敲王

（一）A、勝過對方

說明：叔叔比對方多出一票。

（二）C、他是個功成不居的人

說明：由對方「誇大宣傳的政績」可知。

（三）B、造福桑梓

說明：A、父母都健在；B、桑梓，借指家園；C、說話滔滔不絕，能言善辯；D、眾口同聲，往往積非成是。

15

# 第十五回合

解題：馬祖介壽國中林月梅老師

## 解析找碴王

我最喜歡暑假跟媽媽回鄉下外婆家。

出門前，我那愛美的媽媽會打扮得和顏悅色①，爸爸也穿得西裝筆挺，英俊得慘絕人寰②，愛漂亮的姊姊更是打扮得豔光四射，腳上穿著新買的高根鞋③。

一到外婆家，媽媽對著老鄰居，也就是退休的已故校長④說：「好久沒看到校長夫人了，敝伉儷⑤最近身體如何？」「不對，稱人夫妻要叫愚夫婦⑥。」我馬上指正媽媽的錯誤。呵！我那時眞是太聰明了。

暑假到外婆家，有我很多喜歡的事，我尤其特別⑦愛爬樹，爬啊爬啊，爬到樹上摘西瓜⑧；傍晚時，還可以坐在屋外看北斗七星，數著滿天的星斗，我和姊姊不知不覺的睡了。

到外婆家，可以體會鄉下人家特有的風情，是一個不僅溫馨但是開心⑨的回憶。

【說明】

①和顏悅色：指和藹喜悅的臉色。此處可改成「美豔動人」。

②慘絕人寰：形容悲慘到了極點。可改成「恍如潘安再世」。

③高「根」鞋：高「跟」鞋才對。

④已故校長：「已故」指人已經往生。宜改爲「前任校長」。

⑤ 緻伉儷：稱人夫妻叫「賢伉儷」，稱自己夫妻叫「愚夫婦」。
⑥ 愚夫婦：同⑤。
⑦ 尤其特別：二辭意義相同，使用其中一個即可。
⑧「西瓜」：西瓜不可能長在樹上，可改爲「龍眼」樹。
⑨ 不僅溫馨但是開心：不僅之後要接上「而且」。

## 解析推敲王

（一）B、爬樹、看星星
說明：文中提示很清楚。
（二）C、你眞是大方呀，連一顆糖都不願意請同學吃說明：A、映襯法；B、誇飾法；C、倒反法；D、頂眞法。此處有反諷之意，故爲C、倒反法。

(三) D、七人

說明：爸爸、媽媽、外婆、姊姊、校長夫婦兩人、作者共七人。

# 16

# 第十六回合

解題：台北市明湖國中施教麟老師

## 解析找碴王

愛美又胖嘟嘟的姊姊，爲了擁有魔鬼的身材，嘗試減肥方法之多，眞是罄竹難書①。她曾經三餐只吃頻果②，也曾參加韻律舞蹈班，更曾買過減肥藥，但似乎好像③都不能扭轉奇蹟④，金錢白白地浪廢⑤了。

最近她的死黨告訴她：「妳因該⑥穿戴某名牌調整型內衣，只要三個月，保證會有驚人的愚公移山⑦效果。⑧姊姊一聽，不趕⑨拖延，花了數千元買回一件。但是才不到半個月，我就看到那件內衣被丟棄在衣櫃一角了。

姊姊爲了身材問題而無精打采，下個禮拜她就要邁入而立之年⑩了，我決定在她二十歲的生日宴會上，請她喝一罐提神飲料，讓她恢復疲勞⑪，並祝福她福壽全歸⑫。

【說明】

①罄竹難書：指罪惡之多，無法數清，多用於負面的形容之上。此處可改「五花八門」。
②「蘋」果：音ㄆㄧㄣˊ，屢次，如「頻率」。此處爲「蘋」果，ㄆㄧㄥˊ。
③似乎好像：「似乎」、「好像」意義相同，保留一個即可。
④奇蹟：奇蹟再扭轉的話，就不是奇蹟了。宜改爲「扭轉乾坤」，指由逆勢轉爲順勢。
⑤浪廢：浪「費」和「廢」棄用字易混淆，宜注意。
⑥因該：「應該」。太多人錯寫成「因該」，眞是太不應該了。

⑦愚公移山：比喻努力不懈自能成事。可改「化腐朽爲神奇」。

⑧。：說話內容結束時之引號不見了，要增補成。」

⑨不趕：「不敢」、「趕快」易混淆，宜注意。

⑩而立之年：指三十歲，和下一句「二十歲」矛盾。

⑪恢復疲勞：疲勞要用「消除」，再「恢復」的話會過勞死。

⑫福壽全歸：對年高而有福者死亡的題辭。此處用「身體健康」即可。

## 解析推敲王

（一）B、未見成效

說明：由「不到半個月，內衣被丟棄在衣櫃一角」可知。

（二）C、聊齋志異

說明：清蒲松齡所撰。該書借鬼狐之事，抒發對現實政治、社會的不滿。

（三）D、自然就是美

說明：鼓勵她保持自然之美即可，不用刻意減肥。

# 17 第十七回合

解題：台南市復興國中吳蓓欣老師

## 解析找碴王

光陰似劍①，歲月如流，過去、現在、未來構成時間三部曲。多少人眷顧②著過去，又有多少人期盼著未來，卻乎略③活在當下，才是最眞實的人生。

過去，或許是令人回味的，抑或者④是令人淚涔涔⑤的，但那都已是昨日黃花⑥，永不回頭。與其沉湎於過去，而且⑦把握現在；只有活在當下，才能腳踏實地體驗生活，進而實現夢想。

未來雖充滿希望，卻是渺小⑧虛幻的。「我生待明日，萬事成蹉跎」，若把一切事情冀望於明天，明天將成爲因循苟且者的里程碑⑨，未來就如曉風殘月⑩般的空幻。唯有珍惜此時此刻，努力耕耘，未來才能散播芬芳。

過去已成歷史，未來還無法預知，唯有當下，才是我們最應珍惜的。

【說明】

①似「劍」：似「箭」才對。
②眷顧：顧視愛念，此處宜用「眷戀」。
③乎略：「忽」略。
④抑或者：「抑」和「或者」同義，贅字。應改爲「抑或」。
⑤淚涔涔：涔涔是汗水不斷流下，所以是「汗涔涔」。此處應改爲「淚潸潸」。

⑥ 昨日黃花：「明」日黃花才對，比喻爲過時的事物。

⑦ 而且：連接詞使用錯誤，應改爲「與其……不如」。

⑧ 渺小：微小，應改爲「渺茫」。

⑨ 里程碑：喻在歷史過程中可以作爲標誌的重大事件。此處應改爲「護身符」。

⑩ 曉風殘月：黎明時的景象。此處應改爲「鏡花水月」。

## 解析推敲王

（一）A、層次井然，條理分明

說明：先揭示主題「把握當下」，再分別自過去、未來演繹，闡述意旨。

（二）C、把握當下

說明：本文主旨即是把握當下。

（三）D、晝短苦夜長，何不秉燭遊

說明：文中勉勵我們要把握時光，及時努力。D則強調及時行樂。

18

# 第十八回合

解題：台北市金華國中姚舜時老師

## 解析找碴王

小時候的我，天眞濫慢①。記得是念小學前吧！趁媽媽不在家時，坐上梳妝台拿起各種化妝品將臉塗得五花八門②；穿上媽媽的棋袍③及高跟鞋，再以掃把當麥克風，便興高采烈的引吭高歌，完全④達到渾然忘我的境界。等聽到媽媽的開門聲，想要毀屍滅跡已經來不及了，只好在媽媽的獅吼聲中，趕緊去洗盡鉛華⑤。

小時候的我，調皮搗蛋。爸媽在睡午覺，獨自一人眞是無聊。唉⑥！窗台上是什麼？原來是螞蟻搬家。看我的孔明借東風，一口氣將數支⑦首尾相連的螞蟻戰艦，吹落萬丈深谿⑧，再抓一些放在水中，看牠們載浮載沉⑨，就好像在演鐵達尼號沉船記。

小時候的我，純眞活潑，可愛善良……⑩，不說了，說來你們也是不信的！

**【說明】**

①濫慢：「爛漫」或「爛縵」才對，活潑之意。

②五花八門：比喻形形色色、變化多端。此處可改爲「五顏六色」。

③「棋」袍：「旗」袍才對。

④完全：「完全」就是「渾然」，故刪除「完全」。

⑤洗盡鉛華：比喻人由絢爛而歸於平淡。此處可改爲「梳洗乾淨」。

⑥ 唉：傷感或惋惜的語氣。此處該改爲「咦」的驚訝語氣。

⑦ 數「支」：戰艦應用「艘」爲數量詞。

⑧ 深「谿」：應改爲深「壑」才對。壑，音ㄏㄨㄛˋ，山谷。

⑨ 「戴」浮「戴」沉：「載浮載沉」才對。

⑩ 「…」：刪節號應是「……」，六點佔兩格。

## 解析推敲王

（一）A、始齔之年

說明：齔，音ㄔㄣˋ，乳齒脫換爲成人的牙齒，比喻年幼。同「念小學前」之年齡。

（二）D、作者文思枯竭寫不下去了

說明：由前文看出作者想表達的是，自己小時候是個調皮的孩子，所以不在「可愛」上發揮。

（三）B、韓信點兵——願者上鉤

說明：韓信點兵——多多益善；姜太公釣魚——願者上鉤。

# 19 第十九回合

解題：台中市安和國中陳姿伶老師

## 解析找碴王

夏天來了，望著那驟雨如絲①的天空，心情也跟著遜色②起來，眞盼望梅雨季快點結束，好讓我擁抱熱情的夏陽。

談到夏天，不禁想起那五花八門的清涼冰品，蜜豆冰；③粉圓冰；仙草冰；芒果冰，應有盡有，眞讓人退避三舍④，口水直流。再想想，在炎熱的夏季裡，躲在冷氣房中，吃著泌涼⑤的冰品，那可全身晶瑩剔透⑥呢！

夏季也是個溫馨的季節，枝頭上的蟬兒總喜歡趕熱鬧，以牠們那口若懸河⑦的鳴叫聲，提醒著人們夏日已到。校園裡的梅花⑧，更以那豔紅的色彩來奪人眼目，配合著令人感傷的畢業旅行⑨，無數的辛辛⑩學子將帶著一股離情依依的心情離開母校。

## 【說明】

①驟雨如絲：驟雨只能如豆，此處宜改爲「細雨如絲」。
②遜色：是比不上之意，可改爲「黯淡」或「陰霾」。
③蜜豆冰；：此處所寫的各種冰品後的「；」宜改爲「、」。
④退避三舍：是退縮逃避或屈服於人之意，可改爲「垂涎三尺」。
⑤「泌」涼：泌，音同「蜜」，滲出之意，如「分泌」。此處宜改爲「沁涼」，透出涼意。沁，音ㄑㄧㄣˋ。

⑥ 晶瑩剔透：是透明清澈、精巧可愛之意，可改爲「舒暢至極」或「清涼透頂」。

⑦ 口若懸河：是形容人能言善辯，可改爲「千囀不窮」。

⑧ 梅花：梅花是冬天花朵，改成「鳳凰花木」才能配合「夏天」和「豔紅的色彩」。

⑨ 畢業旅行：宜改爲「畢業典禮」，因爲後面有「離開母校」一語。

⑩ 「辛辛」學子：「莘莘」才對，眾多貌。

## 解析推敲王

(一) C、夏日的風情

說明：「梅雨」、「吃冰」、「蟬鳴」、「校園紅花」、「畢業活動」都是夏日裡特有景色和活動。

（二）B、熱鬧豔麗又感傷

說明：由「蟬兒趕熱鬧的鳴叫聲、豔紅的色彩、離情依依」可知。

（三）D、江南可採蓮，蓮葉何田田

說明：蓮花是夏季的植物，所以是夏天。

20

# 第二十回合

解題：金門縣金城國中李榮團老師

## 解析找碴王

我的媽媽年近五十，雖然徐娘半老①，但身材保持得很好。她生性節儉又克苦②耐勞，做起事來更是一絲不掛③。她最看不慣我的浪費，罵我喜歡到家徒四壁④、金碧輝煌的高級餐廳吃飯，叫了一大堆餐點又吃不完；罵我喜歡買冥牌⑤服飾，一雙運動鞋動不動就上千元；罵我出門不坐公車，喜歡搭乘計程車。

我也知道賺錢不易，像工人在豔陽高照的如日中天⑥下流汗工作，像清道夫在凌晨街道中將垃圾搬有運無⑦，他們的收入都不多。媽媽，其實只要想到您辛苦地幫人家帶小孩賺錢，我常常總是⑧有點自責，有時還會哭到無法自己⑨。媽媽，我知道您一直偷偷買彩卷⑩，我會到廟裡頭燒香，祈求耶和華⑪保佑您中大獎。

**【說明】**

①徐娘半老：比喻年長而頗具姿色風韻的婦女，含有輕薄的意思。此處可用「邁入中年」。

②克苦：應改爲「刻」苦。

③一絲不掛：赤身裸露。此處應改爲「一絲不苟」。

④家徒四壁：家中只剩四面牆壁，形容家境貧困。此處可改爲「雕梁畫棟」。

⑤冥牌：應改爲「名」牌。

⑥如日中天：事物正發展到十分興盛地步。此處可改爲「炙熱天氣」。

⑦搬有運無：指商人搬運貨物，輸通有無。此處可改爲「清除乾淨」。

⑧常常總是：「常常」等於「總是」，兩者選一個即可。

⑨自己：應改爲「自已」。已，控制；自已，自我控制。

⑩彩卷：彩「劵」才對。劵，音同「勸」。

⑪耶和華：神祇名，基督教中的上帝。前文「到廟裡頭燒香」，此處可改爲「菩薩」。

## 解析推敲王

（一）C、戒奢尚儉

說明：由媽媽看不慣作者浪費，並舉「餐廳」、「名牌」、「搭車」三例可知。

（二）C、食、衣、行

說明：舉例餐廳吃飯爲「食」，買名牌服飾爲「衣」，搭車爲「行」。

（三）D、揮金如土、尙知反省

說明：所舉三例爲「揮金如土」；文末「有點自責」，可知作者「尙知反省」。

21

# 第二十一回合

解題：雲林縣崙背國中許鈴佑老師

## 解析找碴王

在非洲的①南非有一種動物名叫狐獴是地球上合作性極高的哺乳類動物之一。

牠們小頭銳面②，大概只有三十公分高，身型③細瘦；在危機四伏的草原沙漠中，卻懂得以團結來對抗④，增加族群茂盛⑤的機會。EX⑥集體覓食時，負責作壁上觀⑦、守衛的狐獴必須延後進食，以確保群體安全；狐獴媽媽外出時，會有代理媽媽照顧小狐獴，這些媽媽可以翌日⑧挨餓、貼身守護，只爲確保幼→平安；由此可知，狐獴重視團體生存勝過自我利益。而且⑨，最聰明的哺乳動物是人，卻往往將己利擺在第一位，枉⑩顧道義。哇⑪！「犧牲小我，完成大我」的美德已經很少聽到了。

【說明】

①非洲的：已明言「南非」，故可刪去「非洲的」三字。
②小頭銳面：形容「人」的長相醜陋，令人感到不光明正大。應改爲「個頭小」。
③型：「形」。
④應寫出對象語意才完整。如「天敵」。
⑤茂盛：指植物生長良好。此處可改「繁衍」。
⑥EX：乃英文「例如」之簡寫，應改「例如」。

⑦作壁上觀：指袖手旁觀，此處有「守衛」工作，可改爲「瞭望」。

⑧翌日：指明天，此處可改「整日」。

⑨而且：應改爲「但是」，因爲後面有「卻」字。

⑩枉：應改爲「罔」。

⑪哇：驚訝語氣。此應爲感嘆語氣「唉」。

## 二、解析推敲王

（一）C、強調團結合作

說明：由文中「合作」、「團結」、「犧牲小我，完成大我」可知。

（二）D、落紅不是無情物，化作春泥更護花說明：花謝落土（犧牲小我），轉爲養分滋潤母株（完成大我），近似狐獴犧牲奉獻，成全群體。

（三）A、以疑問作結

說明：由「唉！」和「已經很少聽到了」可知是以感嘆語氣作結束。

# 22 第二十二回合

解題：台中縣后里國中吳國豪老師

## 解析找碴王

日期：九十五年五月三日　天氣：晴空萬里

清晨還在與床纏綿溫存的時候，突然天外飛來一筆①門鈴聲，一聲接一聲，叫醒沉睡中的我，心底立即翻起濤天②的怒氣，暗地叫罵：「眞是的，好不容易有個假日，還沒睡飽就得起來，眞是糟踏③！」

雖然滿腹怒火，但是面對亙古④未歇的鈴響，只好奔波⑤下樓，準備看看是誰破壞咱們⑥的好夢。

一開門，左瞧瞧、右瞧瞧，竟空無一人。「莫非我在作夢？還是有人混吃混玩⑦地捉弄我？」內心尚搖曳⑧不定。突然一陣風迎面吹來，「碰！」

「哇！我沒帶鑰匙。」突然見到暗戀已久的小美從隔壁走出，轉頭大喊：「啊！變態！」留下衣衫不整的我，監介⑨地站在門外，瀏覽⑩著這個謎團。

## 【說明】

①天外飛來一筆：指跟上下文沒什麼關係，突然插進一句話。應改為「傳來一陣」。

②濤天：「滔」天才是正確用法。

③糟踏：糟「蹋」，指白白地浪費。

④亙古：意指從古到今，即永久的意思。應改為「持續」。

⑤奔波：奔走勞苦，多運用於工作上的忙碌。此處宜用「急忙」。

⑥咱們：我們。這裡應單指「我」。

⑦混吃混玩：指糊裡糊塗的吃喝玩耍，此處改「頑皮搗蛋」爲佳。

⑧搖曳：擺動，指物體左右搖晃，如樹葉、小草。此處爲心情感受，應用「狐疑」替換。

⑨監介：應爲「尷尬」才對。

⑩瀏覽：隨意觀看。應改爲「回想」、「沉思」。

## 解析推敲王

（一）C、應用文

說明：由第一行「日期」可知此篇爲「日記」，故爲「應用文」。

（二）A、舒服→生氣→懷疑→羞愧、不知所措

說明：與床纏綿溫存（舒服）→滔天的怒氣，暗地叫罵（生氣）→「莫非我在作夢？還是有人頑皮搗蛋地捉弄我？」內心尚狐疑不定（懷疑）→尷尬地回想心中的謎（羞愧、不知所措）。

（三）D、無從判斷

說明：全文從頭到尾都沒有明白指出門鈴是誰按的。

23

# 第二十三回合

解題：高雄市小港國中鄭潔慧老師

## 解析找碴王

孟夏時分，趁著週休二日，我帶著興奮的心情參加鐵人三項競賽①。

當槍聲響起，個個爭先恐後的游泳，海邊的飛鳥及游魚都不見了，眞是沉魚落雁②、好手雲集。在來③是四十公里的騎腳踏車，正在爬山的民眾對我加油打氣。途經去年因爲颱風豪雨而泛濫④的地區，現已恢復生機，成畦的稻田秧針半吐，又見農民愉快的採收瓜熟第落⑤的西瓜，眞像鄭板橋所說的「原上摘瓜童子笑，池邊濯足……田家樂。」最後進行十公里的跑步時，有些選手以經⑥步履蹣跚，我看著前面穿十號背心的選手，努力的超越過他，如此就不會望其項背⑦了。已疲累的我，揮汗如雨、口乾舌燥，最後奮力抵達終點。

經過一個下午的比賽，我累得氣喘如牛。大會宣布名次時，我得到第三名，這樣的成蹟⑧可以告慰劣祖劣宗⑨。休息過後已是日薄西山⑩，我度過了美好的一天。

## 說明：

① 「兢」賽：「競」賽才對。

② 沉魚落雁：形容女子美貌。此處可以改成「水中蛟龍」。

③ 「在」來：「再」來才對。

④ 「泛」濫：「氾」濫才對。

⑤瓜熟「第」落：瓜熟「蒂」落才對。

⑥「以」經：「已」經才對。

⑦望其項背：是指「趕得上」。

⑧成「蹟」：成「績」才對。

⑨「劣」祖「劣」宗：「列祖列宗」才對。

⑩日薄西山：形容一個人的生命快到終點。此處可改爲「日暮黃昏」。

## 解析推敲王

(一)D、游泳、自行車、長跑

說明：從全文的閱讀可以判斷。

（二）C、海、山、農田

說明：游泳是海泳；邂逅爬山民眾時經過山區；稻田及瓜田都是農田。

（三）B、農曆四月

說明：一年分四季，每季三個月又以「孟、仲、季」區分。以此推算，首段的「孟夏時分」為「農曆四月」。

# 24

# 第二十四回合

解題：桃園縣慈文國中吳韻宇老師

## 解析找碴王

媽媽工作忙祿①，對待子女總不似其他母親般溫柔，而且②她卻很照顧我。媽媽在市場賣衣服，常常看她一身簡單的裝扮，就出門工作。再加上媽媽的學力③不高，總覺得她外表土土的不太會說話。

有一天，媽媽要我送衣服到市場。一到那門可羅雀④喧擾的地方，就看到一位打扮得妊紫嫣紅⑤的小姐，一邊翻動著衣服還一臉驕傲不肖⑥的樣子，實在很BALA⑦，簡直和媽媽謙卑客氣的神情形成強烈對比。等到那位小姐離開後，看到媽媽依舊還是⑧露出笑容招待下一位顧客，在她的臉上我看到自然平凡的動人光彩。當時的那一幕，至今仍深絡⑨在心中。她是平庸⑩卻令我尊敬的媽媽。

**【說明】**

①忙「祿」：此處用「碌」才正確。
②而且：此處文意轉折，連接詞應使用「不過」。
③學「力」：「歷」才對。
④門可羅雀：這是「訪客很少」之意。此處可改爲「駢肩雜遝」。
⑤妊紫嫣紅：這是形容花朵鮮豔繽紛。此處可改爲「花枝招展」。
⑥不「肖」：「不肖」是不成材。驕傲瞧不起人爲「不屑」。

⑦ BALA：這是火星文，「芭樂」為「惹人厭」之意，在正式文章不宜出現。

⑧ 還是：「依舊」「還是」語意重複，故刪除「還是」。

⑨ 深「絡」：「烙」才對。

⑩ 平庸：才能低下。此處用「平凡」較妥。

## 解析推敲王

（一）C、受媽媽謙卑樸實的感動

說明：由「我看到自然平凡的動人光彩」可知。

（二）D、這些衣服沒有一件我看得上眼

說明：由顧客語氣是「驕傲不屑」可知。

（三）D、人緣很好

說明：「簡單的裝扮」可見「自然簡單」；「不太會說話」可見「不善言辭」；「謙卑客氣」、「露出笑容」可見「親切和氣」。

# 25 第二十五回合

解題：台北市明湖國中施教麟老師

## 一、解析找碴王

早上第一節國文課，鍾①一響，老師才喊「下課」，我就衝往福利社。眞是禍不單行②，在下樓梯時，我不小心呱呱墜地③，當場摔個滿頭包，幸虧有好心的學生④將我送到健康中心。

護士阿姨廁身⑤一看，她覺得情形不妙，馬上通知爸爸到校。我等了半天，爸爸才接二連三⑥到達。護士焦急地對爸爸說：「您趕快帶我⑦到醫院，檢查看看有沒有腦震盪。」到了醫院，醫生慢吞吞地說：「要住院觀查⑧。」我問醫生：「哪一天才是我出院的大去之期⑨？」「最快四天。」醫生面無表情地回答。

爸爸因為要趕著回去上班，叮嚀醫院護士好好照顧我。果然沒有白托⑩，她們對我照顧得無微不至，再加上我年青⑪，老當益壯⑫，終於順利出院。

## 【說明】

① 鍾：「鐘」才對。

② 禍不單行：只有摔傷一件災禍而已，所以禍只單行。此處可改用「樂極生悲」、「欲速則不達」。

③ 呱呱墜地：這是指嬰兒出生時的情景。此處可改用「一腳踩空」。

④ 學生：因為是平輩，所以要改用「同學」。

⑤ 廁身：正確應爲「側身」，傾側身體。「廁身」是指參與某部門工作的謙辭。
⑥ 接二連三：指事情再三發生。
⑦ 我：他（指作者）。因爲護士說話的對象是爸爸。
⑧ 觀查：觀察。
⑨ 大去之期：這是指往生日期。
⑩ 白托：白「託」，指起不了作用的拜託。
⑪ 年青：「年輕」和「青年」要區分清楚。
⑫ 老當益壯：此語只適用老年人，指年老而志氣應當更加壯盛。此處可改用「身強體壯」。

# 解析推敲王

（一）C、求醫記

說明：「福利社」、「下課十分鐘」、「我的爸爸」都是本文的一部分而已。

（二）D、四天

說明：醫生說最快四天才能出院。

（三）B、醫生

說明：由「醫生慢吞吞地說」、「醫生面無表情地回答」兩處可知。

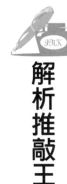

26

# 第二十六回合

解題：台北市明湖國中施教麟老師

## 解析找碴王

雖然已經是三月了，但是氣候還是忽冷忽熱，昨天我的宿疾口蹄疫①又發作了。媽媽說：「明天帶我②到阿里山過夜，呼吸新鮮空氣。」我聽了好高興。今天一大早我就起來整理遺容③，因爲是假日的關係，一路上車子多得像罄竹難書④，路旁不時有風度翩翩⑤的女孩子在賞花。經過將近兩個小時的塞車，我們才到達目的地。

我們先到一家餐廳享用午餐，飯後我提議散步到山頂去看日出⑥。爸爸因爲太久沒有運動，走不到幾步就吳牛喘月⑦，嚷著要休息，叫我們先走。我和媽媽在山頂等了一陣子，爸爸才絡繹不絕⑧地到達。

晚上天氣變得好冷，氣溫只有五度而以⑨。隔天一大早，我在朔風⑩寒雨中，依依不捨地踏上歸程。

## 【說明】

①口蹄疫：此疾病爲豬隻之傳染病。可改成「氣喘」。

②我：因爲是媽媽說話的對象，所以要改爲「你」。

③「遺」容：「儀」才對。

④罄竹難書：比喻罪狀之多，難以寫盡。此處可改爲「過江之鯽」。

⑤風度翩翩：此爲男士專用，此處可改爲「婀娜多姿」。

⑥日出：午餐後散步會看到黃昏的「夕陽」。

⑦吳牛喘月：比喻見到曾受其害的類似事物而過分害怕驚懼。此處可改爲「氣喘如牛」。

⑧絡繹不絕：連續不斷的意思。此處可改爲「步履闌珊」。

⑨而「以」：而「已」。

⑩朔風：冬風。本文時間是三月，可改爲「春風」。

## 解析推敲王

（一）D、阿里山記遊

說明：「賞花」、「塞車」、「運動」都是遊記的一部分而已。

（二）D、非常滿意

說明：由第一段的「我聽了好高興」，和最後一段的「依依不捨」可知。

（三）B、紅豆生南國，春來發幾枝？

說明：文中提及三月，所以是春天。

# 教師簡介

## 施教麟

・東吳大學中文系畢、中文在職碩士班肄業
・現任明湖國中老師、教育部九年一貫深耕種子教師
・曾獲台北市教師組演說、寫作、教案、校刊等第一名
・文章發表於各大報兩百餘篇，聯合報、自由時報專欄執筆。編著《基測作文大攻略》、《擺脫火星文——縱橫字謎》等書，擔任教師寫作研習講師六十餘場

## 何美慧

・靜宜大學中文系、玄奘大學中文在職班碩士、現任新竹縣立寶山國中教務主任、教育部九年一貫深耕種子教師、新竹縣國民教育輔導團本國語文領域國中組輔導員暨小組長
・新竹縣寶山鄉鄉志—文化篇主撰者
・教育部九十六年國中基測暨寫作宣導講師、擔任全省教師寫作研習講師十餘場
・著有《短篇引導式作文1》、發表多篇文章於新竹縣國教輔導團輔導手冊

## 吳韻宇

・政治大學中文系畢業輔修教育系、台師大國文研究所四十學分結業
・現任桃園市慈文國中老師、桃園縣國教輔導團員、教育部九年一貫深耕種子教師
・全國創意教學特優、全國字音字形第四名、作文行動研究優等、桃園縣語文特殊優良教師
・聯合報寫作專欄執筆，聯合編著《基測作文大攻略》、《擺脫火星文——縱橫字謎》等書，擔任全省閱讀寫作講師

## 張儷瀞

・國立嘉義大學教育碩士
・現任屏東縣萬丹國中教師、屏東縣國語文領域輔導員、教育部九年一貫深耕種子教師

・《基測作文大攻略》、《擺脫火星文——縱橫字謎》聯合編著

## 鄭潔慧

・東海大學中文系畢、高師大研究所四十學分結業

・現任高雄市小港國中老師、高雄市輔導員兼深耕種子教師

・《基測作文大攻略》、《擺脫火星文——縱橫字謎》聯合編著

・擔任全省閱讀寫作講師

## 陳智屏

・高雄師範學院國文系畢・現任南投縣水里國中老師、教育部九年一貫深耕種子教師

・曾獲優良教師

・文章發表於南投文教，聯合報

## 許淑子

・高雄師大國文系畢業，台灣師大國文研究所碩士

・現任彰化縣溪湖國中老師、彰化縣語文領域輔導團國中組輔導員、教育部九年一貫深耕種子教師

・教育部安徒生教案設計比賽第三名；亞卓市教案設計比賽第二名等等

・《基測作文大攻略》、《擺脫火星文——縱橫字謎》聯合編著

## 潘文鶯

・現任屏東縣潮州國中教師、屏東縣國中國文領域輔導團主任輔導員、教育部九年一貫深耕種子教師

・每週日台時副刊「鶯材師叫」專欄執筆、屏東縣語文競賽教師組作文第一名

・台灣之顏文學獎報導文學類佳作、撰寫《文學未央歌——中學生作文讀寫攻略》一書

・《擺脫火星文——縱橫字謎》聯合編著

## 莊淑翔

・國立彰化師範大學國文系畢業、嘉義大學中文研究所碩專班修業中

・現任嘉義市南興國中老師、嘉義市國文科輔導員、教育部九年一貫深耕種子教師

・嘉義市知識入口網站建置比賽佳作、嘉義市九年一貫創意教案比賽佳作

・《擺脫火星文——縱橫字謎》聯合編著

## 于學玉

・高雄師範大學國文系畢、高雄師範大學國文研究所碩士班
・現任宜蘭縣員山國中教師、基隆市國文科輔導團、教育部九年一貫深耕種子教師
・曾獲宜蘭縣教師組作文比賽第一名，及其他寫作比賽得名多次
・《基測作文大攻略》聯合編著

## 徐平珍

・國立台灣師範大學國文系畢、彰化師範大學國文教學研究所
・現任彰化縣大村國中教師、彰化縣國文科輔導團、教育部九年一貫深耕種子教師
・曾獲公共電視短句徵文比賽第二名，並指導學生參加彰化縣社教盃作文比賽第三名
・《基測作文大攻略》聯合編著

## 沈美玲

・靜宜中文系畢業、高師大國研所四十學分班結業
・台東縣鹿野國中輔導主任
・台東縣國教輔導團本國語文國中組輔導員

## 林月梅

・輔仁大學中文系畢、台灣師範大學四十學分班
・現任連江縣介壽國中教師、連江縣國文科輔導團、教育部九年一貫深耕種子教師、曾獲省府優良教師、教師史懷哲獎
・指導學生參加演說、作文、書法、朗讀、字音字形等比賽榮獲第一名多次
・《基測作文大攻略》聯合編著

## 吳蓓欣

・台灣師範大學國文系畢、高雄師範大學四十學分班
・現任台南市復興國中教師、台南市國文科輔導團、教育部九年一貫深耕種子教師
・指導學生演說比賽得名多次
・《基測作文大攻略》聯合編著

## 姚舜時

・國立台灣師範大學國文系畢、國立台灣師大國研所四十學分班結業
・現任台北市金華國中教師、台北市國文科輔導團、教育部九年一貫深耕種子教師
・曾獲台北市語文類特殊優良教師、全國語文競賽朗

讀組第五名。指導學生參加台北市教育局各項語文競賽，全國語文競賽獲獎無數

・曾任台北市教育局《教師天地》編輯、國語日報寫作組教師，並擔任多場教師研習講座

・《基測作文大攻略》聯合編著

## 陳姿伶

・高雄師範大學國文系畢、彰化師範大學教育研究所畢、高雄師範大學國文研究所四十學分班

・現任台中市安和國中主任、台中市國文科輔導團、教育部九年一貫深耕種子教師

・曾獲台中縣教師組創意教具比賽第三名，並指導學生參加台中市寫作比賽得名多次

・《基測作文大攻略》、《擺脫火星文——縱橫字謎》聯合編著

## 李榮團

・台灣師範大學國文系畢、台灣師範大學暑國研所學分班

・現任金門縣金城國中教師、金門縣國文科輔導團、教育部九年一貫深耕種子教師

・曾獲金門縣徵文比賽社會組第一名，及其他寫作比賽得名多次，金門縣SUPER、POWER教師、省級特殊優良教師

・指導學生參加縣級演說、寫作榮獲第一名多次

・文章散見報章、雜誌、期刊數十篇，著有《寧軒隨筆》等三本書、《基測作文大攻略》聯合編著

## 許鈴佑

・國立高雄師範大學國文系畢、國文教學碩士班肄業

・現任雲林縣崙背國中老師、雲林縣國文科輔導團、教育部九年一貫深耕種子教師

・雲林縣教師組演說、教案、校刊、徵稿、指導現代詩朗誦等第一名

・《擺脫火星文——縱橫字謎》聯合編著

## 吳國豪

・國立高雄師範大學國文系畢、 現任台中縣后里國中老師

・曾獲苗栗縣教師組演說、教學多媒體創意競賽等第二名

・文章發表於各大報五十餘篇

# 寶瓶文化基測用書優惠訂購單

凡以此優惠訂購單購買右頁基測用書，可享 8 折優惠！

二冊合購 75 折，只要 435 元！

**24 小時傳真專線**（02）27495072 / **洽詢專線**（02）27463955

| 書名 | 定價 | 8 折優惠價 | 訂購本數 | 訂購總金額 |
|---|---|---|---|---|
| 基測作文大攻略 | 280 元 | 224 元 | 本 | 元 |
| 擺脫火星文── 縱橫字謎 | 300 元 | 240 元 | 本 | 元 |
| 2 本合購 | 580 元 | 435 元（75 折） | 套 | 元 |
| 合　　計 | | | 本 | 元 |

※【本優惠送貨地址僅限於台灣地區】※

收件人：________________________聯絡電話：______________________

郵寄地址：□□□______________________________________________

□ 二聯式發票

□ 三聯式發票 統一編號：______________發票抬頭：_____________________

□我將先到郵局劃撥　戶名：寶瓶文化事業有限公司　帳號：19446403

□請由我的信用卡扣款：

卡號：___________________________　卡別：□VISA □MASTER □其他

信用卡有效期限：_____________年__________月

持卡人簽名（請和信用卡上簽名一致）：_____________________________________

支付總金額：$ __________________ 元　身分證字號：__________________

本活動含平寄郵資，訂單有效期限至 2007 年 12 月 31 日止

國家圖書館預行編目資料

作文找碴王／十九位國中國文菁英教師合著. -- 初版. -- 臺北市：寶瓶文化, 2007[民96]
面； 公分. --(catcher ; 9)

ISBN 978-986-7282-82-8(平裝)
1. 中國語言—作文 2. 中等教育—教學法
524.313 96000833

catcher 009

# 作文找碴王

十九位國中國文菁英教師／合著 聯合報教育版／策劃

發行人／張寶琴
社長兼總編輯／朱亞君
主編／張純玲
編輯／夏君佩
外文主編／簡伊玲
美術設計／林慧雯
校對／夏君佩・陳佩伶・余素維
企劃主任／蘇靜玲
業務經理／盧金城
財務主任／趙玉雯 業務助理／彭博盈
出版者／寶瓶文化事業有限公司
地址／台北市110信義區基隆路一段180號8樓
電話／(02)27463955 傳真／(02)27495072
郵政劃撥／19446403 寶瓶文化事業有限公司
印刷廠／世和印製企業有限公司
總經銷／聯經出版事業公司
地址／台北縣汐止市大同路一段367號三樓 電話／(02)26422629
E-mail／aquarius@udngroup.com

法律顧問／理律法律事務所陳長文律師、蔣大中律師
如有破損或裝訂錯誤，請寄回本公司更換
著作完成日期／二〇〇六年十月
初版一刷日期／二〇〇七年一月二十六日
初版六刷日期／二〇〇七年二月十六日
ISBN-13:978-986-7282-82-8
定價／二六〇元

AQUARIUS 寶瓶文化事業

# 愛書人卡

感謝您熱心的為我們填寫，
對您的意見，我們會認真的加以參考，
希望寶瓶文化推出的每一本書，都能得到您的肯定與永遠的支持。

**系列：C009　書名：作文找碴王**

1. 姓名：＿＿＿＿＿＿　性別：□男　□女
2. 生日：＿＿年＿＿月＿＿日
3. 教育程度：□大學以上　□大學　□專科　□高中、高職　□高中職以下
4. 職業：＿＿＿＿＿＿
5. 聯絡地址：＿＿＿＿＿＿

   聯絡電話：(日)＿＿＿＿＿＿(夜)＿＿＿＿＿＿

   (手機)＿＿＿＿＿＿
6. E-mail信箱：＿＿＿＿＿＿
7. 購買日期：＿＿年＿＿月＿＿日
8. 您得知本書的管道：□報紙／雜誌　□電視／電台　□親友介紹　□逛書店　□網路　□傳單／海報　□廣告　□其他
9. 您在哪裡買到本書：□書店，店名＿＿＿＿　□劃撥　□現場活動　□贈書　□網路購書，網站名稱：＿＿＿＿　□其他＿＿＿＿
10. 對本書的建議：(請填代號　1. 滿意　2. 尚可　3. 再改進，請提供意見)

    內容：＿＿＿＿＿＿

    封面：＿＿＿＿＿＿

    編排：＿＿＿＿＿＿

    其他：＿＿＿＿＿＿

    綜合意見：＿＿＿＿＿＿
11. 希望我們未來出版哪一類的書籍：＿＿＿＿＿＿

讓文字與書寫的聲音大鳴大放

寶瓶文化事業有限公司

（請沿此虛線剪下）

| 廣 告 回 函 |
|---|
| 北區郵政管理局登記 |
| 證北台字15345號 |
| 免貼郵票 |

寶瓶文化事業有限公司 收

110台北市信義區基隆路一段180號8樓

8F,180 KEELUNG RD.,SEC.1,

TAIPEI.(110)TAIWAN R.O.C.

（請沿虛線對折後寄回，謝謝）